JN115369

# 持続可能社会への不動産課題の検証

山本　卓

古川　傑　　編著

松永力也

片川卓也

田中嵩二

# はじめに

　持続可能社会は、不動産のあり方に大きく依存している。市民の生活や企業の活動は不動産抜きに考えられない。現在、高齢化と人口減少が急速に進んでおり、生活や経済活動の基盤が脆弱になりつつある。このような背景のなか、改善のための取組みの機運が高まりつつある。

　2000 年に国連ミレニアム・サミットで採択された「ミレニアム開発目標(MDGs：Millennium Development Goals、以下「MDGs」)が 2015 年で終了することに合わせ、同年 9 月に「持続可能な開発目標(SDGs: Sustainable Development Goals、以下「SDGs」)が新たに採択された。MDGs は、主に発展途上国における貧困や教育、健康などに関する問題を解決するために設定された目標であるのに対し、SDGs は、17 の基本的目標と 196 のターゲットから構成され、発展途上国のみならず、世界のすべての国の包括的な目標として設定され、日本においても積極的に取り組まれてきている。MDGs は、発展途上国における貧困問題等に対し、政府等が主体となって取組みをみせていたが、SDGs では、先進国の問題も含め世界のすべての国が取り組むべき普遍的な目標となっている。これらの目標は、各国政府が取り組むだけでは目標の達成は困難で、地方自治体や企業、そしてすべての人々に至るまで、その目標に向けた行動が求められている。

　17 の基本的目標は、「社会・経済・環境」の 3 つの側面から捉えることのできる目標を設定しており、社会的包摂、経済成長、環境問題を調和させる必要があるとされている。また、持続可能な社会とは、「将来世代の欲求をみたしつつ、現在の世代の欲求も満足させるような開発」を指し、環境問題をはじめとし、貧困や平和、人権、保険、衛生等のあらゆる分野において、将来世代のニーズを満たすことに配慮しながら、現在の世代のニーズも満足させるような開発を行うこととされている。

　日本においては、人口減少、高齢化、経済停滞、気候変動、環境破壊、多様化等、様々な課題や事象が複雑に絡まりあい、課題解決にむけた最適な策が見いだせない状況である。上述のように、持続可能社会と不動産のあり方は大きく依存し、不動産は人々の生活や生産の基盤となる環境を生み出すものであり、不動産の適切な利用は社会的意義が大きいものである。したがって、今後目指すべき方向性を見つけるべく、持続可能社会への取組みを様々な視点から考えていく必要がある。

本書では、市民の生活基盤である住宅と企業の経営活動の基盤である企業不動産という2つの分類を意識しながら、6つのテーマを取り上げ、課題を設定し、検証を試みている。

第 1 章から第 3 章は、市民の生活基盤である住宅にまつわる課題を検証している。それぞれについて簡潔に示すと以下のとおりである。

## 第1章　高齢化社会と資産形成リテラシー

高齢者が、十分に経済的に自立して、健康で幸福感が高い社会になることが望ましい。高齢者の割合が増大するなか、持続可能社会を実現するには、若い世代の負担感が少なくなることが望ましく、高齢者の経済的自立性の必要性がさらに高まるものと考えられる。

本章では、このような背景のもと、高齢者のファイナンシャルリテラシーに焦点を定める。このファイナンシャルリテラシーを住宅取得の経験と関連させ、究明事項を設定のうえ検証を行う。高齢者の経済的自立性を高めるために求められることを提示する。

## 第2章　配偶者居住権と担保価値

高齢者の経済的自立性を高める法制度も動き出している。その一つが、「配偶者居住権」の制度である。この制度は新しいため、立法趣旨の実現性に十分に検証がなされていない。本章では、「配偶者居住権」の想定される課題を提示のうえ、複数の方法により検証を試みる。

## 第 3 章　ESG 不動産投資とその促進策

近年、ESG 不動産という言葉が生まれている。一例として、環境に配慮した賃貸住宅がある。このような不動産を普及させることにより、$CO_2$の削減、省エネルギー効果を生み出せる。しかしながら、このような不動産に対する潜在的需要は見いだせるが、それを十分具現化させるための賃貸経営管理手法が確立していない状況にある。本章では、現状を分析し、今後の具体的課題を提示する。

第 4 章から第 6 章は、企業の経営活動の基盤である企業不動産にまつわる課題を検証している。それぞれについて簡潔に示すと以下のとおりである。

## 第 4 章　遊休不動産保有の投資家評価

一定規模以上の企業の活動は、不動産を基盤にして行われる。製造業であれば工場が、商業であれば店舗が、活動の拠り所となる。企業活動が永続的に行われる

には、これらの不動産が十全に活用され、投資家にも評価されていることが重要となる。本章では、企業活動の不十分さによって引き起こされた遊休化した不動産を保有することが、投資家にどのような評価を受けるのか検証する。

## 第5章 工場跡地の自社開発

製造業の経営活動の基盤は工場である。近年、産業構造の変化に伴い、工場が遊休化し、企業の経営活動や地域社会に負の影響を与えているケースが散見される。企業や地域社会の健全な成長のために、遊休となっている工場跡地を開発する選択肢がある。この開発に際しては、少数であるが自社による開発が行われている。本章では、この自社開発の経営的効果を検証する。

## 第6章 $CO_2$ 排出と企業価値

投資先企業の ESG 情報を活用する動きも広がり、企業の業績や経営戦略にどのように結びついているか、財務情報とともに投資の判断基準の1つとし、企業の持続的成長と価値向上に期待する。これら必要な情報は投資家ごとに異なり、土壌汚染、アスベスト、$CO_2$ 排出等、企業不動産に起因する環境問題も多く、企業の中長期的な業績に影響をあたえる可能性も考えられる。このような背景のもと、本章では、企業の環境情報開示に着目し、$CO_2$ 削減の情報開示が投資家の意思決定に与える影響を明らかにすることを目的とし、その上で環境情報開示に対する課題を検討する。

本書は、明海大学不動産学部山本卓研究室に所属するメンバーによる近年の研究活動の一部を取りまとめたものとなっている。不動産学部の先生方からは、日頃暖かいご指導を頂いており、ここに改めて感謝を申し上げる次第である。また、筆者らが属する日本財務管理学会、日本不動産学会、資産評価政策学会等の多く先生方からは、筆者らの稚拙な研究に対していつも親身のご指導を頂き、大変ありがたく思っている。本書の内容は、雑ぱくで不十分なものであるが、刊行を機にさらに多くの先生方からのより一層のご指導を得られる機会につながればと切に願うばかりである。なお、本書は科研費・基盤研究 C(22K01633)の研究成果の一部として出版されるものである。

2024 年 6 月

山本　卓

古川　傑

# 初出一覧

第1章

片川卓也・山本卓(2024)「高齢者の持家を活用した生活安定に関する研究—リバースモーゲージ制度の活用の可能性に焦点をあてて—」『明海大学不動産学部論集 』第 35 号 pp.51-70.

第2章

松永力也・山本卓(2022)「配偶者居住権制度が不動産担保融資に与える影響 —担保不動産に発生する遺産分割に係る損失の検証を中心に—」『年報財務管理研究』第 33 号 pp.26-43.

第3章

田中嵩二・山本卓(2024)「ESG 不動産投資とその促進策」『明海大学不動産学部論集 』第 35 号 pp.17-49.

第4章

古川傑・山本卓(2018)「減損会計適用企業における遊休不動産情報の有用性—東証一部製造業と商業の比較分析を中心に—」『年報財務管理研究』第 29 号 pp.87-101.

第5章

古川傑・山本卓(2022)「社会課題の解決に向けた CRE 戦略が企業価値に与える影響—自社工場跡地を活用した遊休不動産開発の事例を対象として—」『明海大学不動産学部論集 』第 32 号 pp.1-25.

第6章

古川傑・山本卓(2024)「企業の環境情報開示に対する投資家行動の変化—2000 年代初頭と現在の比較分析を中心に—」『明海大学不動産学部論集 』第 35 号 pp.1-15.

# 目　次

# 第1章　高齢化社会と資産形成リテラシー

## 1. はじめに

### 1.1 老後生活の現状

　今日、わが国は少子高齢化の急速な進展により総人口約4分の1を65歳以上の高齢者が占める社会に直面している。医療、介護、年金といった社会保障政策はこの高齢者の需要に十分応えることができず、高齢者の将来生活への不安は切実である。老後資金に対する十分な公的年金の受給が期待できない中、国民は自助努力による資産形成が問われている。また、2019年6月、老後資金2,000万円が大きな話題となったが、それだけ日本人が老後の生計に対して不安を抱いているあらわれであろう。一方、日本人は持家志向が高く、長い間住宅ローンを組み、住宅を所有する。しかし、住宅ローンの返済に一生懸命であり、購入した家をどうしたいのか、考える人はそう多くはない。将来、子供に残すのか、売却して移り住むのか、あるいはリバースモーゲージ[①]等の金融商品の利用も選択肢の1つである。特に老後、持家に住み続けたい意向が強く、かつ老後資金が不足しているのであれば、日本でリバースモーゲージが普及する土壌は十分ある。しかしながら、その認知度は低いのが実情である。上山(2020)によると、日本人のリバースモーゲージの認知度や商品に対する理解力に与える金融リテラシーの影響について実証分析をおこなっている。結果として、日本人の金融リテラシーが諸外国と比較して低いことも、リバースモーゲージが浸透しない要因になっているだろうとしている。

### 1.2　金融リテラシー・クイズ

　わが国で、大規模に行われた調査として、金融公報中央委員会による金融リテラシー調査(2022年)がある。個人のお金の知識、判断力の現状を把握することを目的として、2016年から3年おきに実施しており、今回で3回目の調査である。インター

---

[①] リバースモーゲージとは、持ち家を担保に生活資金などを借入れし、契約者の死後、担保物件を売却して借入金を返済する仕組。

ネットによるアンケート調査で、対象は 18〜79 歳の個人 30,000 人。設問は、「金融リテラシー・マップ [2]」の 8 分野 [3] に基づき、「金融知識・判断力」に関する正誤問題と「行動特性・考え方等」といった金融リテラシーにかかる 53 問で構成。53 問のうち 4 割程度は、米国 FINRA（金融業界監督機構）や OPEC など海外機関による同種の調査と比較が可能な内容としている。また、金融公報中央委員会では、当金融リテラシー調査の一部を「金融リテラシー・クイズ [4]」としてホームページ「知るぽると」に掲載し、金融リテラシーの状況を把握できるようにしている。今回、高齢者への老後資金に関連するアンケート調査に先立ち、調査対象の高齢者に「金融リテラシー・クイズ」を解答させ、その結果を表 1-1 に示す。金融リテラシー・クイズの結果を 100 点満点で平均化し比較を行った。今回実施の高齢者アンケート全体での平均点が 59.52 点で、住宅購入経験者が 63.08 点と高い結果が確認された。住宅購入未経験者の平均点 51.93 点と比較しても高い結果であった。この点は、住宅購入の経験が、金融リテラシーを押し上げる効果だと推測する。また、全国平均と比べても高い点が、確認される結果となった。

　上記の点を踏まえ、本研究では、金融リテラシーの向上の要因と老後生活の現状との関連性を明らかにする。住宅購入経験が金融リテラシーの向上に関連があるのかの分析を試みる。

　本稿の構成は以下の通りである。「2」では、老後資金に関する先行研究をレビューする。「3」は、本研究の分析に用いるデータについて紹介する。さらに、「4」でこれらの要因より統計的な証拠とアンケート調査結果を示し、その分析を行う。最後に、「5」では、本研究で得られた結果を確認し、今後の研究課題について触れる。

---

② 金融経済教育推進会議（事務局：金融公報中央委員会が「生活スキルとして最低限身に付けるべき金融リテラシー」の内容を具体化し、年齢階層別に対応付けを行って作成したもの。
③ 8 分野とは「家計管理」「生活設計」「金融取引の基本」「金融・経済の基礎」「保険」「ローン・クレジット」「資産形成」「外部知見の活用」である。
④ 金融リテラシー調査の 5 つの質問から構成されるミニ・テスト。所要時間は 2〜3 分程度。自身の得点を性別、年齢層別、都道府県別の平均点と比較ができ、自身の金融リテラシーのレベルを確認できる。また、誤答になった設問の金融リテラシー・マップ上の分類をみて、自身の弱点分野が確認できる。

表1-1　金融リテラシー・クイズの平均得点

| | 高齢者アンケート全体 | 住宅購入経験者 | 住宅購入未経験者 | 全国平均 | 全国男性60代 | 全国男性70代 | 全国女性60代 | 全国女性70代 | 大学生 |
|---|---|---|---|---|---|---|---|---|---|
| 平均点 | 59.52点 | 63.08点 | 51.93点 | 50.60点 | 58.80点 | 63.20点 | 56.60点 | 57.10点 | 63.70点 |

（出所）「金融リテラシー・クイズ」の結果を基に筆者作成

## 1.3　リバースモーゲージ活用の現状について

　現在の高齢者が、リバースモーゲージという言葉を聞いたことがあるだろうか。高齢者は労働所得が入らず現金収入に乏しくなるが、持ち家は所有している場合が多い。日本の持ち家比率が多い点を考慮して、持ち家に住み続けながら住宅資産の価値を現金化することができ、欧米諸国等では公的年金を補完する形で普及している。しかし、日本におけるリバースモーゲージの市場を見ると、国民の認知度は低いのが現状である。「超高齢化社会」、「貯蓄不足」「高い持家率⑤」が当てはまる日本であれば、リバースモーゲージに対するニーズが高まってもよいはずである。特に、日本人は高齢期に持ち家に住みたいという意向が強く、また長寿命化と公的年金不足を背景に老後の生計に対する不安も大きい。住宅資産を換金して現金収入を増やすことができれば、老後の不安も逓減するのではないだろうか。2019 年 6 月、老後資金 2,000 万円が大きな話題となったが、それだけ日本人が老後の生計に対して不安を抱いているあらわれであろう。少子高齢化により十分な公的年金の受給が期待できない中、国民は自助努力による資産形成の必要性が問われている。一方で、日本人は持家志向が高く、長い間住宅ローンを組み、住宅を所有する。しかし、住宅ローンの返済に一生懸命であり、購入した家をどうしたいのか、考える人はそう多くはない。将来、子供に残すのか、売却して移り住むのか、あるいはリバースモーゲージの利用も選択肢の 1 つである。特に老後、持家に住み続けたい意向が強く、かつ老後資金が不足しているのであれば、日本でリバースモーゲージが普及する土壌は十分ある。しかし、実際は認知度さえ低い。

---

⑤　平成 30 年住宅・土地統計調査によると、持ち家が 3280 万 2 千戸で、住宅総数に占める割合は 61.2％である。

## 2.　先行研究

　ここでは、老後への不安、リバースモーゲージ、高齢者の金融リテラシーに関する先行研究を紹介する。日本人のリバースモーゲージの認知度や商品に対する理解力に与える金融リテラシーの影響について実証分析として、上山（2020）では、わが国では、老後は、持家に住み続けたい意向が強く、かつ老後資金が不足しているのであれば、リバースモーゲージが普及する土壌は十分ある。しかし、実際の認知度は低い。日本でリバースモーゲージの認知度が低い要因を明らかにするために、金融リテラシーの影響に注目して実証分析を行った。基本属性や金融リテラシーの内生性をコントロールした上でも、金融リテラシーの有意性が確認され、リバースモーゲージの認知度に金融リテラシーが影響していることが明らかになった。リバースモーゲージを知らない人を対象に、商品内容の理解力について分析した結果、金融リテラシーを備えていなければ、簡単な説明では理解できないことも判明した。日本人の金融リテラシーが諸外国と比較して低いことも、リバースモーゲージが浸透しない要因になっているだろうとしている。日本におけるリバースモーゲージの市場は、提供する機関により利用対象者や利用使途が様々である。このような市場を理解するためには、金融リテラシーを備えておく必要があるとしている。

　大垣（2018）では、定年等後の住宅ローン負担とリバースモーゲージとして、家計資産の相当部分を占める住宅に着目し、住み続けたまま資産を資金化する手法として、リバースモーゲージが位置付けられてきた。わが国では今後、超長期の住宅ローン負担を定年等後に緩和するためにリバースモーゲージを利用するという特殊なニーズが顕現化することが予想される。住み続けたまま住宅を資金化することにより年金代替の役割を果たさせるという従来的な考えとは別に、期間 35 年という超長期の住宅ローンを標準化したために、負の影響を緩和するために考えられる不動産活用の仕組みを検討する必要がある。通常の不動産を担保とするリバースモーゲージの融資限度額の上限を、そのプロトタイピングを行った上で、JTI の借上げ制度 [6] を

---

[6] JTI（一般社団法人移住・住みかえ支援機構）が、お客様のマイホームを借り受け、お客様にかわって転貸する仕組み。空室期間はもちろん、入居者の家賃滞納のような突発的な出来事が起きても、お客様に対し、JTI が賃料保証をする仕組み。

利用した融資可能限度額がどの程度増加するかシミュレーションを行っている。結果として、通常の不動産を担保とするリバースモーゲージの融資限度額の上限を200 万円余り上回る水準となった。これは、60 歳における平均的な住宅ローン残高には 100 万円程度不足するが、この程度であれば退職金等で補てんしても負の影響は最小限に留められるとしている。

小島（2016）では、我が国の場合、米国のような政府の関与が無いため、各金融機関が独自の商品を提供しており、金融機関によって商品の内容が異なっている。我が国のリバースモーゲージの現状を整理した上で、今後の課題の検討を行った。米国等で一般的に普及しているリバースモーゲージとは「高齢者が自宅を担保に融資限度内の範囲で終身にわたり融資を受けるが、死ぬまで返済は必要なく、死亡時に担保を処分して返済をする」というローン商品であり、リバースモーゲージの基本的要件は終身（年金）融資・期中無返済・ノンリコース ⑦の3要素にあると考えている。我が国ではこれら3要素を全て満たしているリバースモーゲージ商品は現在のところ存在していない。従って、我が国のリバースモーゲージの課題もこの3要件に集約されるとしている。

國枝（2017）では、高齢者と金融リテラシーとの関係に注目し、高齢者の資産選択と金融税制につき検討を行った。理論的には、若年期にはリスク資産への投資割合を高くし、高齢期にはリスク資産への投資割合を抑制するライフサイクルを勘案した資産選択が求められる。その点からもリスク資産への投資の抑制が正当化される。最近では、認知能力の低下した高齢者に対する詐欺的投資勧誘や適合性の原則から見て不適切な証券商品の販売の事例も無視できないようになってきている。他方、現在の我が国の金融税制は、年齢に応じた健全な資産形成の必要性は十分考慮されておらず、年齢による適用制限のない高齢者に対しても、リスク資産への投資促進を図る税制となっている。年齢に応じた健全な資産選択をサポートする金融税制として、現役世代については、投資教育やデフォルト設定といった措置を伴う確定拠出年金に対する優遇税制を軸とすべきことを指摘している。他方、高齢者

⑦ ノンリコースとは返済責任が物件の範囲に限定される。それに対しリコースとは返済責任が物件の範囲を超えて手持ちの資産や事業にも及ぶこと。

向けの優遇税制としては、高齢者（またはその支援者）に対する適切な投資教育（通常の投資に関する基礎知識に加え、詐欺的投資勧誘や振り込み詐欺に対する防止策を含む）と、高齢者の資産選択・資産管理を保護する機能を有する金融商品を組み合わせたスキームに対する税制優遇策を検討していくことを提唱し、今後、我が国の金融税制の改革を検討していくことが強く望まれるとしている。

　劉、小嶋、根上、宇於崎（2000）では、自己所有の不動産（持ち家）を利用して高齢者の生活安定を図る方策を見出すために、既存の調査報告から高齢者の生活における収入や生活意識、考え方を明らかにするとともに、リバースモーゲージ制度を実施している地方自治体に対しヒアリング調査を行い、その利用実態を調査、また、高齢者の生活安定の視点から、地方自治体の貸付世帯の事例を分析し、公的年金の上乗せ機能として期待されるリバースモーゲージ制度による収入増の効果を明らかにし、持ち家高齢者世帯に対してはリバースモーゲージ制度が果たす固定的な収入源としての役割について検証を行った。これは、社会的にはこれまでストックと見直されてきた住宅、宅地などの不動産を融資返済時にフロー化が可能となり、その有効活用が図りやすくなる。また、高齢者のゆとりある老後生活には、預貯金、証券・株券の運用、賃貸物件の運用などこれまでの方法とともにリバースモーゲージ制度を選択肢とできるよう現在の制度の利点欠点などもふまえたうえで、今後の普及と活用を目指すものとしている。結果として、リバースモーゲージ制度を利用する持ち家（不動産）を持つ高齢者世帯（リバースモーゲージ制度の利用者）には、安定した収入として見込まれるが、運用する地方自治体（リバースモーゲージ制度の施行者）は、制度にたずさわる専門職員の育成や融資方式の選定、さらに制度に使われる原資の確保など重要な課題が残されていることが明らかとなった。リバースモーゲージ制度がより高齢者に安心感、信頼感を持たれる制度として定着、運用されることにより、有効利用が望まれるストック資産が活用でき、また、高齢者側の消費性向も高めることができるものと考えられる。

　先行研究では、不動産を活用した老後の資産形成において、金融リテラシーの必要性は明らかにされている。しかしながら、不動産購入の経験、それに伴う、住宅ローン等の借入経験による、金融リテラシーがどのように影響しているかは究明されていない。したがって、下記を究明課題1と設定する。

【究明課題1】：住宅の購入経験が金融リテラシーにどのように影響しているのかを明らかにしたい。

　　　また、金融リテラシーの向上は、単に年齢を重ねるだけではなく、若年期からの住宅購入等の経験が必要であると推測される。また、住宅購入を行った一般消費者に対するアンケート調査では、ライフプランへの意識、将来の資金計画の考え方についての調査によると、「より意識するようになった」と増加している。また、住宅ローン商品に対する理解が高い者、住宅ローン選択において、不動産業者の営業マンから誘導を受けたと感じている者は、より、ライフプランを意識している点が確認されている。しかしながら、その経験が、購入当初や保有期間についてであり、実際に老後の生活に直面している高齢者にはどの様に影響しているかについてのエビデンスは脆弱である。今回、究明課題2として設定する。

【究明課題2】：実際に老後生活に直面する高齢者に対するアンケート調査より、住宅購入経験が、老後生活の満足度に与える要因を検証したい。

## 3.　調査方法とデータについて

　本研究では、全国 60 歳から 80 歳までの高齢者 1000 名を対象に「金融リテラシー・クイズ」（Q1〜Q5）を含む、住宅購入と融資に関するアンケート調査を実施した。アンケート調査は、属性に関する質問（Q6〜Q14）、行動特性等の考え方に関する質問（Q15〜Q35）で実施した。また、「金融リテラシー・クイズ」は金融リテラシー調査の 5 つの質問から構成されるミニ・テストで、自身の金融リテラシーのレベルを確認できる。問題項目は、家計管理、生活設計、金融知識、外部知見の適切な活用の 4 項目を含んでいる。誤答になった設問の金融リテラシー・マップ上の分類をみて、自身の弱点分野が確認できるのが特徴である。アンケート調査は 2023 年 9 月に実施した。

## 4．調査結果と分析

### 4.1　高齢者アンケート回答者の属性について

表 1-2　高齢者アンケート回答者の属性（N＝1000）

| 変　　数 | N | ％ |
|---|---|---|
| 同居している者 | | |
| 　配偶者のみ | 495 | 49.5% |
| 　配偶者と子供 | 207 | 20.7% |
| 　子供 | 41 | 4.1% |
| 　単身 | 188 | 18.8% |
| 　その他 | 69 | 6.9% |
| 現在のお住まい | | |
| 　持家マンション | 227 | 22.7% |
| 　持家一戸建て | 588 | 58.8% |
| 　賃貸マンション | 131 | 13.1% |
| 　賃貸一戸建て | 23 | 2.3% |
| 　その他 | 31 | 3.1% |
| 最終学歴 | | |
| 　中学卒業 | 28 | 2.8% |
| 　高校卒業 | 321 | 32.1% |
| 　専門学校卒業 | 105 | 10.5% |
| 　大学卒業以上 | 546 | 54.6% |
| 現在の税込年収 | | |
| 　100 万円未満 | 168 | 16.8% |
| 　100 万～300 万円未満 | 371 | 37.1% |
| 　300 万～500 万円未満 | 248 | 24.8% |
| 　500 万～700 万円未満 | 99 | 9.9% |
| 　700 万～1000 万円未満 | 63 | 6.3% |
| 　1000 万円以上 | 51 | 5.1% |
| 現在の貯蓄総額 | | |
| 　50 万円未満 | 169 | 16.9% |
| 　50 万～100 万円未満 | 71 | 7.1% |
| 　100 万～300 万円未満 | 106 | 10.6% |
| 　300 万～500 万円未満 | 120 | 12.0% |
| 　500 万～1000 万円未満 | 132 | 13.2% |
| 　1000 万～2000 万円未満 | 133 | 13.3% |

| | | |
|---|---|---|
| 2000 万～3000 万円未満 | 89 | 8.9% |
| 3000 万～5000 万円未満 | 90 | 9.0% |
| 5000 万～1 億円未満 | 68 | 6.8% |
| 1 億円以上 | 22 | 2.2% |
| **全資産の内不動産資産の割合** | | |
| 80%以上 | 128 | 12.8% |
| 70%以上 80%未満 | 46 | 4.6% |
| 60%以上 70%未満 | 75 | 7.5% |
| 50%以上 60%未満 | 134 | 13.4% |
| 40%以上 50%未満 | 79 | 7.9% |
| 30%以上 40%未満 | 107 | 10.7% |
| 30%未満 | 431 | 43.1% |
| **現在お住まいの住宅の床面積** | | |
| 50 ㎡未満 | 121 | 12.1% |
| 50 ㎡以上 60 ㎡未満 | 94 | 9.4% |
| 60 ㎡以上 70 ㎡未満 | 109 | 10.9% |
| 70 ㎡以上 80 ㎡未満 | 125 | 12.5% |
| 80 ㎡以上 90 ㎡未満 | 87 | 8.7% |
| 90 ㎡以上 100 ㎡未満 | 82 | 8.2% |
| 100 ㎡以上 110 ㎡未満 | 84 | 8.4% |
| 110 ㎡以上 120 ㎡未満 | 60 | 6.0% |
| 120 ㎡以上 130 ㎡未満 | 58 | 5.8% |
| 130 ㎡以上 140 ㎡未満 | 28 | 2.8% |
| 140 ㎡以上 150 ㎡未満 | 34 | 3.4% |
| 150 ㎡以上 | 118 | 11.8% |
| **現在居住しているお住まいの評価額** | | |
| 500 万円未満 | 200 | 23.64% |
| 500 万～1000 万円未満 | 185 | 21.87% |
| 1000 万～2000 万円未満 | 199 | 23.52% |
| 2000 万～3000 万円未満 | 109 | 12.88% |
| 3000 万～4000 万円未満 | 62 | 7.33% |
| 4000 万～5000 万円未満 | 37 | 4.37% |
| 5000 万～1 億円未満 | 44 | 5.20% |
| 1 億～3 億円未満 | 8 | 0.95% |
| 3 億円以上 | 2 | 0.24% |

（出所）高齢者アンケート調査を基に筆者作成

　まず初めに回答者の属性について概観する。内容は表 1-2 の通りである。現在の住いで持家一戸建てが 58.8%と最も多く、持家マンション 22.7%、賃貸マンション 13.1%の順である。全体の内、持家の比率が 81.5%と大半を占める。同居している者では、配偶者のみが 49.5%で、ほぼ半数を占める。配偶者と子供 20.7%、単身 18.8%と続く。最終学歴は大学卒業以上が 54.6%で半数以上と多く、次いで、高校卒業 32.1%と続く。現在の税込年収は 100 万〜300 万円未満が 37.1%と最も多く、年齢からも年金受給者は大半を占める点が想定される。現在の貯蓄総額では、50 万円未満が 16.9%と最も多く、1000 万〜2000 万円未満 13.3%、500 万〜1000 万円未満 13.2%、300 万〜500 万円未満 12.0%の順となる。全資産の内不動産資産の割合では、30%未満が 43.1%と大半であり、自己の評価であるため、一般の平均（約 60.0%）と比べると低い結果となっているのではと推測する。現在のお住まいの住宅の床面積では、70 ㎡以上 80 ㎡未満が 12.5%と最多で、50 ㎡未満 10.9%、150 ㎡以上 11.8%、60 ㎡以上 70 ㎡未満 10.5%の順であり、いずれも 10.0%を超えている。持家マンションは 60 ㎡以上 80 ㎡未満が多く、90 ㎡以上 110 ㎡未満と 150 ㎡以上が持家一戸建て、賃貸マンションが 50 ㎡未満が多い点が想定される。現在居住しているお住まいの評価額（自己評価）によると、500 万円未満が 23.64%と最も多く、1000 万〜2000 万円未満 23.52%、500 万〜1000 万円未満 21.87%、2000 万〜3000 万円未満が 12.88%と続く。自己評価ではあるが、約 70%が 3000 万円未満である点が窺える結果であった。

## 4.2　金融リテラシー・クイズの正答率の比較

　金融リテラシーの確認の為、高齢者アンケート対象者に対して金融リテラシー・クイズを実施した。結果は図 1-1 に示す。金融リテラシー・クイズでは、自身のレベルを確認するために全国平均点等を公開している。全国平均点は 50.6 点で、高齢者の平均点は59.52点と全国平均を上回る結果であった。注目すべき点は、平均点の比較で高齢者アンケート対象者の内、住宅購入経験者の平均点が 63.08 点と高く、住宅購入未経験者の平均点は 51.93 点で約 11 点の差となった。この点は、住宅の購入経験が金融リテラシーの向上に寄与している点が確認される結果であった。当該クイズは 5 つの設問から構成されているミニ・テストで、設問別の正答率は Q1（家計管理）67.20％、Q2（生活設計）58.20％、Q3（金融知識）55.10％、Q4（金融知識）

### 図 1-1　金融リテラシー・クイズの正答率

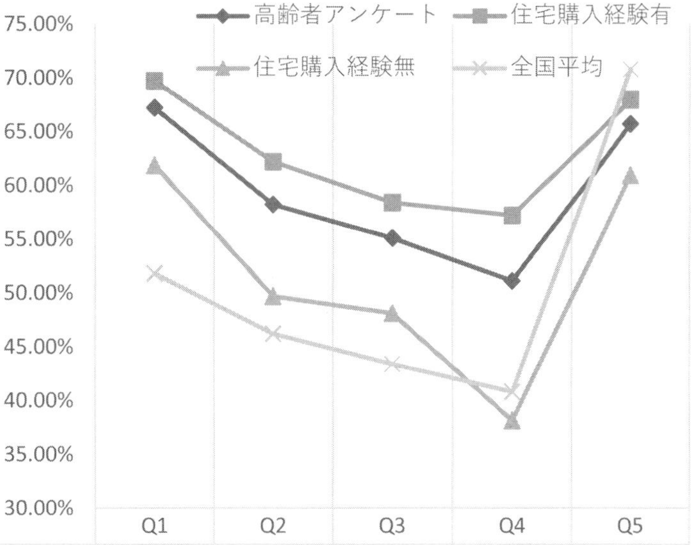

| | Q1 | Q2 | Q3 | Q4 | Q5 |
|---|---|---|---|---|---|
| 高齢者アンケート | 67.20% | 58.20% | 55.10% | 51.10% | 65.70% |
| 住宅購入経験有 | 69.70% | 62.20% | 58.38% | 57.20% | 67.94% |
| 住宅購入経験無 | 61.87% | 49.68% | 48.12% | 38.12% | 60.93% |
| 全国平均 | 51.80% | 46.20% | 43.40% | 40.80% | 70.80% |
| | 家計管理 | 生活設計 | 金融知識 | | 外部検知 |

（出所）「金融リテラシー・クイズ」の結果を基に筆者作成

51.10％、Q5（外部知見）65.70％であった。注目すべきは図1に示すように、高齢者の内住宅購入未経験の各設問の正答率の中で Q4（金融知識）が、全国平均と比較し下回る結果であった。このことは住宅の購入経験が金融リテラシーの向上に特に影響している点が示唆される結果であった。

## 4.3　金融リテラシーや老後生活に関する特性や考え方

　高齢者の金融知識や老後生活に関する特性と考え方について調査を行った。Q15 では、自身の金融知識が他の人と比べてどのようなレベルにあると感じているかについての質問で、「平均的」43.5％で最も多く、「どちらかといえば低い」29.1％、「とても低い」14.9％の順であった。他の者と比べての自己評価で謙虚な内容が窺える結果となった。或いは Q16 で、老後生活不安に対してでは、「少し不安を感じる」40.6％、「不安を感じる」25.7％、「非常に不安を感じる」17.5％の順であった。全高齢者の83.8％（838÷1000）が老後生活に不安を感じている結果であった。Q19 で老後生活の備えについて質問を行った。「公的年金で対応したい」51.4％で大半を占め、「仕事をして得た所得で対応したい」13.7％、「資産運用で対応したい」11.9％の順であった。現状の老後資金対策としての公的年金での備えの高さが窺える結果であった。

　現在のお住まいをどのように活用したいかについて、Q21 では、「家族に資産を残したい」31.86％、「現状は考えていない」27.78％、「残す程の資産はない」19.15％、「自分自身で使いたい」12.65％の順であった。その点は、回答を行った全高齢者の内、「現状考えていない」、「残す程の資産はない」の回答者を除いた、83.52％が、お住まいを自身又は家族のために使いたいと考えている。売却、賃貸に出す等の住みかえは検討していない点が窺える結果であった。やはり、老後は自身の住宅で過ごしたい。家族に住まいを残したいニーズは高いと推測する。しかしながら、Q21 の結果を考慮すると、現在の住いに住み続けながら、自宅を活用し老後資金を確保する仕組みであるリバースモーゲージの認知度は低い。Q22 ではリバースモーゲージについて「知らない」が52.5％で、半数を超える結果となった。（表 1-3）

**表 1-3　高齢者アンケート回答者に関する特性や考え方（N＝1000）**

| 質問 | 回答 | 回答数 | % |
|---|---|---|---|
| Q15：金融全般に関する知識は、他の人と比べて、どのようなレベルにあると感じていますか。最も当てはまるものを一つお選び下さい。 | ・とても高い | 25 | 2.5% |
| | ・どちらかといえば高い | 100 | 10% |
| | ・平均的 | 435 | 43.5% |
| | ・どちらかといえば低い | 291 | 29.1% |
| | ・とても低い | 149 | 14.9% |
| Q16：ご自身の老後生活に対して、どの程度不安を感じていますか。最も当てはまるものを一つお選び下さい。 | ・非常に不安を感じる | 175 | 17.5% |
| | ・不安を感じる | 257 | 25.7% |
| | ・少し不安を感じる | 406 | 40.6% |
| | ・不安を感じない | 128 | 12.8% |
| | ・不安感なし | 34 | 3.4% |
| Q19：老後の備えについて、ご自身のお考えに最も当てはまるものを一つお選び下さい。 | ・公的年金で対応したい。 | 514 | 51.4% |
| | ・個人年金（公的年金以外）で対応したい。 | 72 | 7.2% |
| | ・退職金で対応したい。 | 33 | 3.3% |
| | ・資産運用で対応したい。 | 119 | 11.9% |
| | ・仕事をして得た所得で対応したい。 | 137 | 13.7% |
| | ・金融資産の取崩しで対応したい。 | 91 | 9.1% |
| | ・現在保有の自宅（不動産）を活用したい。 | 22 | 2.2% |
| | ・子供からの援助 | 12 | 1.2% |
| Q21：現在お住まいの住宅を、ご家族に資産を残したいと思いますか。それとも、ご自分や配偶者で使いたいと思いますか。将来（自分または配偶者の生涯のうちに）売却したり、賃貸に出したりする可能性はありますか。最も当てはまるものを一つお選び下さい。 | ・家族に資産を残したい。 | 268 | 31.86% |
| | ・自分自身で使いたい。 | 107 | 12.65% |
| | ・現状は考えていない。 | 235 | 27.78% |
| | ・残す程の資産はない。 | 162 | 19.15% |
| | ・必要に応じて売却又は、賃貸に出す可能性はある。 | 42 | 4.96% |
| | ・売却又は、賃貸に出す可能性はない。 | 17 | 2.01% |
| | ・売却を行った。 | 1 | 0.12% |
| | ・現在、賃貸中である（家賃収入有）。 | 14 | 1.65% |
| Q22：リバースモーゲージについてご存じですか。 | ・知っており、内容についても理解している | 182 | 18.2% |
| | ・聞いたことはあるが、内容についてはよく知らない | 293 | 29.3% |
| | ・知らない（初めて聞いた） | 525 | 52.5% |
| Q23：現在の消費生活（老後生活）に満足していますか。最も当てはまるものを一つお選び下さい。 | ・まったく満足していない | 105 | 10.5% |
| | ・満足していない | 128 | 12.8% |
| | ・あまり満足していない | 261 | 26.1% |
| | ・やや満足している | 329 | 32.9% |
| | ・満足している | 157 | 15.7% |
| | ・非常に満足している | 20 | 2.0% |
| Q25：あなたは住宅を購入したことがありますか。 | ・ある | 680 | 68.0% |
| | ・ない | 320 | 32.0% |

（出所）高齢者アンケート調査を基に筆者作成

## 4.4　住宅購入経験者の特性や満足度、不動産業者からの影響について

　高齢者の内、住宅購入経験者（N＝680）の方のみを対象としてアンケート調査を実施した。表 1-4 に示すように、Q26 で住宅ローン借入時の融資率（住宅価格に対する住宅ローンの借入金額の割合）について、「50％以下」42.50％が最も多く、「70％超 80％以下」14.85％、「50％超 60％以下」12.06％順であった。その点からも推測できるように、Q31 で現在の住宅ローン利用状況では「住宅ローンを一括完済したため、現在は利用していない」が 87.65％へと繋がっていると考えられる結果であった。Q27 では、住宅購入後によりライフプランを意識するようになったかについての質問で、「どちらでもない」を除いて、「非常に意識するようになった」、「少しは意識するようになった」が 77.26％（384÷497）結果であった。住宅購入経験がよりライフプランへの意識を向上させている点が確認できた。また、Q32 で、住宅ローンに対する満足度も「非常に満足している」、「満足している」、「やや満足している」が 64.12％（436÷680）で満足していないを大きく上回る結果となった。Q35 では、不動産業者からの影響について質問を行った。「どちらでもない」を除くと、「まったく感じなかった」、「感じなかった」が 54.21％（219÷404）で「非常に感じた」、「少し感じた」45.79％（185÷404）を上回る結果であった。

## 表1-4　住宅購入経験者の特性考え方について（N＝680）

| 質問 | 回答 | 回答数 | ％ |
|---|---|---|---|
| Q26：住宅購入経験者の方のみお答えください。住宅ローン借入時の融資率（住宅価格に対する住宅ローンの借入金額の割合）はどのくらいでしたか。最も当てはまるものを一つお選び下さい。 | ・50％以下 | 289 | 42.50％ |
| | ・50％超 60％以下 | 82 | 12.06％ |
| | ・60％超 70％以下 | 77 | 11.32％ |
| | ・70％超 80％以下 | 101 | 14.85％ |
| | ・80％超 90％以下 | 70 | 10.29％ |
| | ・90％超 100％以下 | 54 | 7.94％ |
| | ・100％超 | 7 | 1.03％ |
| Q27：住宅購入経験者の方のみお答えください。住宅購入後（住宅ローンの借入後）世帯としての生活設計（ライフイベントを見据えた将来の収支を含めたライフプランの策定）をより意識するようになりましたか。最も近いものを一つお選び下さい。 | ・非常に意識するようになった。 | 129 | 18.97％ |
| | ・少しは意識するようになった。 | 255 | 37.50％ |
| | ・どちらでもない。 | 183 | 26.91％ |
| | ・ほとんど意識していない。 | 80 | 11.76％ |
| | ・全く意識していない。 | 33 | 4.85％ |
| Q31：住宅購入経験者の方のみお答えください。現在の住宅ローン利用状況について、最も近いものを一つお選び下さい。 | ・現在も住宅ローンを当初のまま引き続き利用している。 | 38 | 5.59％ |
| | ・現在も住宅ローンを利用しているが、借り換えを行った。 | 24 | 3.53％ |
| | ・現在も住宅ローンを利用しており、繰り上げ返済を行ったことがある。 | 19 | 2.79％ |
| | ・現在も住宅ローンを利用しており、金利タイプ変更を行ったことがある。 | 3 | 0.44％ |
| | ・住宅ローンを一括完済したため、現在は利用していない。 | 596 | 87.65％ |
| Q32：住宅購入経験者の方のみお答えください。利用している（利用していた）住宅ローン商品（サービス）に満足していますか。最も当てはまるものを一つお選び下さい。 | ・まったく満足していない。 | 40 | 5.88％ |
| | ・満足していない。 | 54 | 7.94％ |
| | ・あまり満足していない。 | 150 | 22.06％ |
| | ・やや満足している。 | 233 | 34.26％ |
| | ・満足している。 | 140 | 20.59％ |
| | ・非常に満足している。 | 63 | 9.26％ |
| Q35：住宅購入経験者の方のみお答えください。住宅の選択時（住宅ローンの選択等を含む。）に不動産業者から影響を受けたと感じましたか。最も当てはまるものを一つお選び下さい。 | ・非常に感じた。 | 35 | 5.15％ |
| | ・少し感じた。 | 150 | 22.06％ |
| | ・どちらでもない。 | 276 | 40.59％ |
| | ・感じなかった。 | 156 | 22.94％ |
| | ・まったく感じなかった。 | 63 | 9.26％ |

（出所）高齢者アンケート調査を基に筆者作成

## 4.5　金融リテラシー・クイズの得点に与える影響についての検証

## (a)記述統計量及び相関係数、各定義の変数

### 表 1-5　主要な変数の記述統計

| 変数 | 平均値 | 標準偏差 | 中央値 | 最小値 | 最大値 |
|---|---|---|---|---|---|
| ①得点合計(点) | 59.5200 | 31.4670 | 60.0000 | 0.0000 | 100.0000 |
| ②年齢(歳) | 68.5790 | 5.5449 | 69.0000 | 60.0000 | 81.0000 |
| ③男性ダミー | 0.7210 | 0.4485 | 1.0000 | 0.0000 | 1.0000 |
| ④大卒以上ダミー | 0.5460 | 0.4979 | 1.0000 | 0.0000 | 1.0000 |
| ⑤自己評価(金融知識)とても高いダミー | 0.0250 | 0.1561 | 0.0000 | 0.0000 | 1.0000 |
| ⑥老後不安(非常に不安と感じる)ダミー | 0.1750 | 0.3800 | 0.0000 | 0.0000 | 1.0000 |
| ⑦老後生活これまでと比べて経済的に豊かになるダミー | 0.0420 | 0.2006 | 0.0000 | 0.0000 | 1.0000 |
| ⑧老後の生活資金を使い始める年齢(歳) | 67.5070 | 9.6353 | 70.0000 | 0.0000 | 100.0000 |
| ⑨リバースモーゲージを知っているダミー | 0.4750 | 0.4994 | 0.0000 | 0.0000 | 1.0000 |
| ⑩住宅購入経験有ダミー | 0.6800 | 0.4665 | 1.0000 | 0.0000 | 1.0000 |
| ⑪満足度自己採点(点) | 61.8240 | 22.6543 | 70.0000 | 0.0000 | 100.0000 |

(出所)筆者作成

### 表 1-6　相関係数-

| | ① | ② | ③ | ④ | ⑤ | ⑥ | ⑦ | ⑧ | ⑨ | ⑩ | ⑪ |
|---|---|---|---|---|---|---|---|---|---|---|---|
| ①得点合計(点) | 1 | | | | | | | | | | |
| ②年齢(歳) | -0.0492 | 1 | | | | | | | | | |
| ③男性ダミー | 0.0897 | 0.0300 | 1 | | | | | | | | |
| ④大卒以上ダミー | 0.1878 | -0.0710 | 0.2433 | 1 | | | | | | | |
| ⑤自己評価(金融知識)とても高いダミー | -0.0912 | 0.0075 | 0.0139 | 0.0174 | 1 | | | | | | |
| ⑥老後不安(非常に不安と感じる)ダミー | -0.1469 | -0.1345 | 0.0166 | -0.0082 | 0.1285 | 1 | | | | | |
| ⑦老後生活これまでと比べて経済的に豊かになるダミー | -0.0824 | -0.0084 | 0.0191 | 0.0007 | 0.1261 | -0.0177 | 1 | | | | |
| ⑧老後の生活資金を使い始める年齢(歳) | 0.0918 | 0.1492 | 0.0276 | 0.0753 | 0.0660 | -0.0373 | 0.0619 | 1 | | | |
| ⑨リバースモーゲージを知っているダミー | 0.2805 | -0.0257 | 0.0916 | 0.2238 | 0.0401 | -0.0797 | 0.0604 | 0.0077 | 1 | | |
| ⑩住宅購入経験有ダミー | 0.1653 | 0.2147 | 0.1421 | 0.1237 | -0.0412 | -0.1523 | -0.0060 | 0.0875 | 0.1760 | 1 | |
| ⑪満足度自己採点(点) | 0.1974 | 0.1462 | -0.0242 | 0.1271 | -0.0361 | -0.4831 | 0.1086 | 0.1581 | 0.1905 | 0.3004 | 1 |

(出所)筆者作成

　金融リテラシーは、知識(教育効果)で図る傾向があるが、能力(行動するための力)を含め図る必要があると考える。そこで、高齢者の金融リテラシー・クイズの得点を被説明変数として、高齢者の属性、考え方、行動特性等の項目を説明変数とする回帰分析を試みた。記述統計量および相関係数は表 1-5 および表 1-6 に示してい

る。なお、相関係数（2種のデータ間の関連性の強さを示す指標）について、変数間で強い相関のものはみられない。また、分析に先立って、変数の定義を示す。各変数の着眼点は以下の通りである。

## ＜変数の定義＞

「得点合計（点）」：高齢者に対して金融リテラシー・クイズを実施し、その得点を0～100点で表した変数。得点が高い程、金融リテラシーが高いことが考えられる。

「年齢（歳）」：年を重ねることが、知識に与える影響の確認が期待できる。

「男性ダミー」：性別において「男性」を「1」、「女性」を「0」としたダミー変数。性別の違いが、クイズの得点に及ぼす影響の確認が期待できる。

「大卒以上ダミー」：最終学歴において「大卒、大学院卒」を「1」、「それ以外」を「0」としたダミー変数。学歴がクイズの得点に与える影響の確認が期待できる。

「自己評価（金融知識）とても高い」：「とても高い」を「1」、「それ以外」を「0」としたダミー変数。高齢者の金融知識の自己評価がクイズの得点に与える影響の確認が期待できる。

「老後不安（非常に不安と感じる）」：老後生活への不安で、「非常に不安を感じる」を「1」、「それ以外」を「0」としたダミー変数。高齢者の老後生活への不安がクイズの得点に与える影響の確認が期待できる。

「老後生活これまでと比べて経済的に豊かになるダミー」：老後生活とこれまでの生活を比較し、「豊かになる（なった）」を「1」、「現状と同じ程度」、「よりつつましくなった」を「0」としたダミー変数。以前までの生活と老後生活がクイズの得点に及ぼす影響の確認が期待できる。

「老後の生活資金を使い始める年齢（歳）」：高齢者が老後の生活資金を使い始める年齢を表した変数。高齢者の老後生活開始の時間差が金融リテラシーへ与える影響の確認が期待できる。

「リバースモーゲージを知っている」：リバースモーゲージを知っているという金融知識。「知っており、内容についても理解している」、「聞いたことがあるが、内容についてはよく知らない」を「1」、「知らない」を「0」としたダミー変数。不動産を活用した老後資金対策に関する知識を知っている点が、クイズの得点に及

ぼす影響の確認が期待できる。

「住宅購入経験有ダミー」：住宅の購入経験を表し、「購入経験有」を「1」、「購入経験無」を「0」のグループに分けたダミー変数。住宅の購入経験の有無がクイズの得点に及ぼす影響の確認が期待できる。

「満足度自己採点（点）」：高齢者の老後生活への満足度を自己採点し、0〜100 点で表した変数。得点が高い程、高齢者の老後生活への満足度が高い点が確認できる。

## (b)分析結果

　分析結果を「表 1-7」に示す。「年齢」「大卒以上ダミー」にて 1％水準で有意となった。年を取るにつれて、金融リテラシー・クイズの得点を約 0.5 点の押し下げ効果が認められる結果であった。学歴で大学卒業（大学院も含む）が、約 6.0 点の押し上げ効果があった。大学教育の必要性が確認される結果であった。「老後の生活資金を使い始める年齢」、「リバースモーゲージを知っているダミー」、「満足度自己採点」で、1％水準で有意となった。「老後生活資金を使い始める年齢」、「満足度自己採点」でそれぞれクイズの得点の押し上げ効果が確認された。中でも「リバースモーゲージを知っているダミー」では約 14.2 点の大きな押し上げ効果が推測できる結果であった。また、「住宅購入経験有ダミー」では、5％水準で有意となった。住宅購入経験を活用した老後の資産対策の知識がクイズの得点を押し上げる結果であった。住宅の購入経験で約 5.2 点の押し上げ効果で、早期の住宅の購入経験、住宅ローン等の知識が金融リテラシーを向上させる結果となった。老後不安を非常に感じる者は、クイズの得点を約 6.0 点、これまでの生活と比べて経済的に豊かになった者は、約 16.3 点で、それぞれ押し下げ効果となった。老後不安への不透明感と知識不足がクイズの得点を押し下げたと推測される。これまでの生活と比べて老後生活が豊かになるだろうと考える者は、その安心感と自身の金融知識を高く評価した結果、クイズの得点を押し下げたと推測する。

　「自己評価（金融知識）とても高いダミー」、「老後生活これまでと比べて経済的に豊かになるダミー」では、1％水準で有意となった。「自己評価（金融知識）とても高いダミー」は、自己評価で金融知識が高い高齢者ほど、金融には関心が高く、それ

故にクイズの得点も高い傾向が示唆される。しかしながら、負に有意であり、約 16.3 点と大きな押し下げ効果となった。自己評価が高い高齢者ほど、クイズの得点が低い結果であった。このことは、ダニング・クルーガー効果と呼ばれる認知バイアスの存在を示唆している。ダニング・クルーガー効果とは、ある種のスキルの未熟な者が、スキルを自己評価した場合、平均よりも高く評価することを指す。髙沢（2017）によると、大学生の知覚された社会人基礎力においてダニング・クルーガー効果を確認している。特に、スキルの未熟な者がスキルに対して自己評価を行うことは、回答者の過大評価を引き出す危険性があることを我々は認識する必要があるとしている。本稿調査でも、ダニング・クルーガー効果の観測が示唆される結果であった。不動産学部生に対する先行調査、片川、山本（2023）でも同様の傾向であった。

　性別は、クイズの得点に対しての有意性は確認されなかった。片川、山本（2023）では、住宅購入による金融リテラシーの向上結果は、満足度の押し上げ効果となった。本稿でも老後生活への満足度自己採点で 1%水準での有意性は確認された。同様にクイズの得点への押し上げ効果となった。

　今回実施の高齢者アンケートで、住宅購入経験者（N＝680）、住宅購入未経験者（N＝320）をそれぞれ抽出し、回帰分析を行った。その結果を「表 1-8」に示す。住宅購入経験者（N＝680）の結果では、全体での分析同様、「大卒以上ダミー」で、1%水準で有意となった。クイズの得点では、約 8.4 点の押し上げ効果が確認される結果であった。「年齢」は、有意性は確認できなかったが、性別で「男性ダミー」に10%水準で有意性は確認された。約 4.6 点の押し上げ効果が見込まれる結果であった。「リバースモーゲージを知っているダミー」、「満足度自己採点」で、1%水準で有意性が確認された。全体の分析結果同様、リバースモーゲージを知っているダミーでは、約 14.0 点と大きな押し上げ効果が確認された。満足度自己採点で 1%水準での有意性が確認された。クイズの得点への押し上げ効果となった。「老後不安（非常に不安を感じる）ダミー」1%水準、「自己評価（金融知識）とても高いダミー」5%水準、「老後生活これまでと比べて経済的に豊かになるダミー」10%水準とそれぞれ有意となった。「自己評価（金融知識）とても高いダミー」で、約 16.0 点と大きな押し下げ効果となった。「老後不安（非常に不安を感じる）ダミー」、「老後生活これまでと比べて経済的に豊かになるダミー」でも同様に、押し下げ効果が推測できる結

果となった。この点も全体の分析結果同様、ダニング・クルーガー効果が確認されると推察する。また、その他の変数では有意性は確認されなかった。

　住宅購入未経験者（N＝320）では、「年齢」で 1％水準の有意となった。年齢を重ねるにつれて、約1.0 点、クイズの得点を押し下げる結果となった。しかし、上記の結果とは異なり、「大卒以上ダミー」での有意性は確認されなかった。「リバースモーゲージを知っているダミー」、「老後の生活資金を使い始める年齢」で 1％水準の有意となった。クイズの得点に対しての押し上げ効果となった。一方注目すべきはこれまでの生活と比べて経済的に豊かになると感じている者は、約 30.0 点と大きな押し下げ効果となった。老後生活に対する過大評価がクイズの得点を大きく下げる効果となって表れたと考えられる。

　両者の結果を比べても、住宅の購入経験が、金融リテラシーの向上に大きく影響している点が推測できる。クイズの得点に正の影響として、「リバースモーゲージを知っているダミー」が大きく影響し、押し上げ効果が確認された。一方、負の影響では「老後生活これまでと比べて経済的に豊かになるダミー」で、大きくクイズの得点の押し下げ効果が確認される結果であった。老後生活への過大評価からくる安心感が大きく影響していると考える。しかし、「満足度自己採点」では、住宅購入未経験者で有意性が認められなかったことに注目したい。この点は、住宅購入経験が、満足度を押し上げ、結果金融リテラシー向上の要因となっていると推察する。また、住宅購入未経験者の分析結果で、「大卒以上ダミー」に有意性が認められなかった。これは、「大卒以上」の学歴だけでなく、住宅購入経験が伴って、金融リテラシーの向上が見込まれる結果であると推察する。

## 表 1-7　金融リテラシーとその決定要因の分析結果（N＝1000）

| | 係数 | t 値 | P-値 |
|---|---|---|---|
| 年齢（歳） | -0.51489837*** | -2.95882824 | 0.00316167 |
| 男性ダミー | 2.96761085 | 1.38452898 | 0.16650882 |
| 大卒以上ダミー | 5.93096064*** | 2.99860528 | 0.00278004 |
| 自己評価（金融知識）とても高いダミー | -15.75914950*** | -2.61858659 | 0.00896452 |
| 老後不安（非常に不安と感じる）ダミー | -6.00992939** | -2.14344898 | 0.03232044 |
| 老後生活これまでと比べて経済的に豊かになるダミー | -16.29332190*** | -3.48800389 | 0.00050806 |
| 老後の生活資金を使い始める年齢（歳） | 0.26995405*** | 2.74707036 | 0.00612229 |
| リバースモーゲージを知っているダミー | 14.16372220*** | 7.30073170 | 0.00000000 |
| 住宅購入経験有ダミー | 5.20826277** | 2.41992106 | 0.01570327 |
| 満足度自己採点（点） | 0.13069697*** | 2.62517021 | 0.00879421 |
| 定数項 | 55.00991458*** | 4.26621347 | 0.00002179 |
| R2 | 0.15420600 | | |
| 補正 R2 | 0.14565399 | | |

（注）＊＊＊は 1％水準で有意、＊＊は5％水準で有意、＊は 10％水準で有意であることを示す。

（出所）筆者作成

## 表 1-8　金融リテラシーとその決定要因の住宅購入経験の有無別分析結果

| | 住宅購入経験者（N＝680） | | | 住宅購入未経験者（N＝320） | | |
|---|---|---|---|---|---|---|
| | 係数 | t 値 | P-値 | 係数 | t 値 | P-値 |
| 年齢（歳） | -0.28007140 | -1.37061929 | 0.17095266 | -0.99039131*** | -2.96649161 | 0.00324642 |
| 男性ダミー | 4.61042682* | 1.76840454 | 0.07744829 | -0.37566576 | -0.09979079 | 0.92057492 |
| 大卒以上ダミー | 8.43394805*** | 3.64907116 | 0.00028366 | 1.13027350 | 0.30332986 | 0.76184196 |
| 自己評価（金融知識）とても高いダミー | -16.03155842** | -2.05638646 | 0.04013205 | -15.26055563 | -1.57287477 | 0.11676784 |
| 老後不安（非常に不安と感じる）ダミー | -10.23953468*** | -2.88561531 | 0.00403213 | -2.62606848 | -0.56839324 | 0.57017948 |
| 老後生活これまでと比べて経済的に豊かになるダミー | -10.29019726* | -1.84848428 | 0.06497275 | -29.58162761*** | -3.48697195 | 0.00055911 |
| 老後の生活資金を使い始める年齢（歳） | 0.08035250 | 0.61335099 | 0.53985244 | 0.49141625*** | 3.20797279 | 0.00147652 |
| リバースモーゲージを知っているダミー | 14.02660420*** | 6.21334310 | 0.00000000 | 13.29502280*** | 3.58376526 | 0.00039320 |
| 満足度自己採点（点） | 0.15931275*** | 2.60491486 | 0.00939361 | 0.05141735 | 0.59665840 | 0.55117094 |
| 定数項 | 52.60400342*** | 3.37780019 | 0.00077297 | 80.50858140*** | 3.24317984 | 0.00131092 |
| R2 | 0.14590362 | | | 0.15550551 | | |
| 補正 R2 | 0.13443069 | | | 0.13098793 | | |

（注）＊＊＊は 1％水準で有意、＊＊は5％水準で有意、＊は 10％水準で有意であることを示す。

（出所）筆者作成

## (C)老後生活への満足度に着目した追加的分析

　前節では、金融リテラシーの決定要因について分析した。本節では、「老後生活の満足度」に影響を与える要因について、追加的分析を行う。高齢者アンケートでの老後生活の満足度自己採点の得点を被説明変数とし、回帰分析を実施した。

　「表 1-9」によると、「男性ダミー」では 1% 水準で有意を示した。満足度の得点に対して、約 4.3 点の押し下げ効果となった。この点は金融リテラシー・クイズの得点に対する影響とは相違であった。男性は、老後生活の満足度においては、老後生活への不安がより大きく、押し下げ要因になっていると推察する。しかし、「大卒以上ダミー」では、同様の押し上げ効果が確認された。「自己評価（金融知識）とても高いダミー」では、有意性は確認されなかった。この点は、金融リテラシーへの影響とは相違する結果で、自己評価（金融知識）を高いと考える者の満足度への影響の要因ではないと考える。「老後不安（非常に不安と感じる）ダミー」では、同様に、老後生活の満足度の得点でも押し下げ効果となった。しかし、金融リテラシー・クイズへの得点への影響に比べ、より大きい負の影響であった。やはり、老後に対する不安であり満足度に強く影響を与えると推測する。また、「老後生活これまでと比べて経済的に豊かになるダミー」では、1% 水準で有意性を示した。これは、クイズの得点への影響でも同様であったが、満足度への影響は逆に押し上げ効果が確認された。この点は自己評価の高さが、クイズへの得点に対して、押し下げ効果となる。一方、満足度の得点に対しては高く自己評価することにより、押し上げ効果となると考える。「老後の生活資金を使い始める年齢（歳）」、「リバースモーゲージを知っているダミー」、「住宅購入経験有ダミー」では、それぞれ 1% 水準で有意となり、クイズの得点とも同様の傾向であった。「得点合計（点）」でも、1% 水準で有意性を示し、満足度の得点の押し上げ効果が認められる結果であった。

## 表 1-9　被説明変数を老後生活の満足度自己評価とした分析結果

| | 係数 | | t 値 | P-値 |
|---|---|---|---|---|
| 年齢(歳) | 0.19635786 | * | 1.76779514 | 0.07740345 |
| 男性ダミー | -4.31734317 | *** | -3.17768687 | 0.00153059 |
| 大卒以上ダミー | 3.79163065 | *** | 3.01197834 | 0.00266152 |
| 自己評価(金融知識)とても高いダミー | 1.45024139 | | 0.37732836 | 0.70601055 |
| 老後不安(非常に不安と感じる)ダミー | -25.24250104 | *** | -15.79094271 | 0.00000000 |
| 老後生活これまでと比べて経済的に豊かになるダミー | 11.02563850 | *** | 3.71136479 | 0.00021764 |
| 老後の生活資金を使い始める年齢(歳) | 0.23558731 | *** | 3.77927805 | 0.00016669 |
| リバースモーゲージを知っているダミー | 3.88491850 | *** | 3.07934724 | 0.00213180 |
| 住宅購入経験有ダミー | 9.34580116 | *** | 6.96725630 | 0.00000000 |
| 得点合計(点) | 0.05294651 | *** | 2.62517021 | 0.00879421 |
| 定数項 | 26.06300324 | *** | 3.16275507 | 0.00161047 |
| R2 | 0.33893632 | | | |
| 補正 R2 | 0.33225216 | | | |

(注)＊＊＊は1％水準で有意、＊＊は5％水準で有意、＊は10％水準で有意であることを示す。

(出所)筆者作成

## 5.　結果と今後の課題

　本研究では、金融リテラシーの向上の要因と老後生活の現状との関連性を明らかにする。その上で、住宅購入経験が、金融リテラシーの向上に関連があるのかの分析を試みた。そして、リバースモーゲージが老後資金対策として活用が可能なのか、また、金融リテラシーがどのように影響しているのかの実証分析を行なった。主要な発見事項は以下の通りである。

　究明課題 1 での住宅の購入経験が金融リテラシーにどのように影響しているかについて分析を行った。住宅購入者と住宅非購入者の全体のデータでは、学歴で大学卒業(大学院も含む)が、クイズの得点の押し上げ効果があった。大学教育の必要性が確認される結果であった。「老後の生活資金を使い始める年齢」、「リバースモーゲージを知っているダミー」、「満足度自己採点」で、1％水準で有意となった。「老後生活資金を使い始める年齢」、「満足度自己採点」でそれぞれクイズの得点の押し上げ効果が確認された。また、「住宅購入経験有ダミー」では、5％水準で有意となった。住宅の購入経験で押し上げ効果であり、早期の住宅の購入経験が金融リテラシーを向上させる結果が究明された。一方、負の影響として「老後生活これまで

と比べて経済的に豊かになるダミー」で、大きくクイズの得点の押し下げ効果が確認
される結果であった。老後生活への過大評価からくる安心感が大きく影響していると
考える。また、住宅購入未経験者の分析結果で、「大卒以上ダミー」に有意性が認
められなかった。これは、「大卒以上」の学歴だけでなく、住宅購入経験が伴って、
金融リテラシーの向上が見込まれる結果であると推察する。住宅の購入経験が金融
リテラシーの向上と、老後の資産形成に寄与している点が見受けられた。

　究明課題2での、住宅購入経験が老後生活の満足度について要因分析を行った。
「男性ダミー」では満足度の得点に対して押し下げ効果となった。この点はクイズの
得点に対する影響とは相違であった。男性は、老後生活の満足度においては、老
後生活への不安がより大きく、押し下げ要因になっていると推察する。しかし、「大卒
以上ダミー」では、同様の押し上げ効果が確認された。「自己評価（金融知識）とても
高いダミー」では、有意性は確認されなかった。この点は、金融リテラシーへの影響
とは相違する結果で、自己評価（金融知識）を高いと考える者の満足度への影響の
要因ではないと考える。「老後不安（非常に不安と感じる）ダミー」では、同様に、老
後生活の満足度の得点でも押し下げ効果となった。しかし、クイズへの得点への影
響に比べ、より大きい負の影響であった。やはり、老後に対する不安であり満足度に
強く影響を与えると推測する。また、「老後生活これまでと比べて経済的に豊かにな
るダミー」では、1％水準で有意性を示した。これは、クイズの得点への影響でも同様
であったが、満足度への影響は逆に押し上げ効果が確認された。この点は自己評
価の高さが、クイズへの得点に対して、押し下げ効果となる。一方、満足度の得点に
対しては高く自己評価することにより、押し上げ効果となると考える。「得点合計（点）」
でも、1％水準で有意性を示し、満足度の得点の押し上げ効果が確認された。また、
「満足度自己採点」では、住宅購入未経験者で有意性が認められなかったことに注
目したい。この点は、住宅購入経験が、満足度を押し上げ、結果金融リテラシー向
上の要因となっていると推察する。

　以上のことから、住宅の購入経験が、金融リテラシーや、満足度に影響があり、金
融リテラシーの向上の要因と老後生活の現状との関連性が明らかになった。また、
住宅購入経験が金融リテラシーの向上に関連が確認された。

　老後資金対策として、リバースモーゲージ制度が定着することにより、現在有効利

用のされていない不動産が活用され経済的にも有効であろう。さらに、不動産流通市場の拡大により不動産購入の意欲が高まり、需要を増大させ経済全体にも波及効果が期待できる。

《参考文献》

[1]浅井義裕(2017)「金融教育は有効なのか?−日本の大学生を対象とした一考察−」『生活経済学研究』,第 46 巻,pp.11−24.

[2]阿部圭司・小澤伸雄・木下康彦(2019)「高崎経済大学学生の金融リテラシーに関する研究−金融リテラシー調査(2016)に準じた調査結果−」『高崎経済大学論集』,第 62 巻第 2 号,pp.1−18.

[3]上山仁恵(2020)「日本人はなぜリバースモーゲージを知らないのか？―金融リテラシーがリバースモーゲージの認知度や理解力に与える影響分析―」『社会保障研究』,第 5 巻第 2 号,pp.225−236.

[4]大垣尚司(2018)「定年等後の住宅ローン負担とリバースモーゲージ」『日本不動産学会誌』,第 32 巻第 1 号,pp.56−63.

[5]小山内幸治・西尾圭一郎・北野友士(2016)「大学生を対象とした金融リテラシー調査票の作成と調査結果について」『経済教育』,第 35 号,pp.136−148.

[6]片川卓也・山本卓(2023)「不動産学部生の金融リテラシーに関する基礎的研究―アンケート調査を踏まえた金融教育のあり方の検証を中心に―」『明海大学不動産学部論集』,第 33 号,pp.1−14.

[7]片川卓也・山本卓(2023)「消費者の住宅ローン需要と金融リテラシーの必要性に関する研究―不動産業者が消費者に及ぼす影響と満足度に焦点をあてて―」『財務管理研究』,第 34 号,pp.1−20.

[8]北野友士(2012)「金沢星稜大学における金融リテラシー調査」『金沢星稜大学論集』,第 45 巻第 3 号,pp.11−24.

[9]北野友士(2020)「大学における金融教育の実践例の効果の検証−事前的な学習経験と事後的な FP 能力への影響−」『経済教育』第 39 号,pp.98−103.

[10]金融公報中央員会（2022）「金融リテラシー調査 2022 年」[https://www.shiruporuto.jp/public/document/container/literacy_chosa/2022/pdf/22literacyr.pdf]

[11]國枝繁樹(2017)「高齢者の資産選択と金融税制」『金融調査研究会調査報告書』,pp.37−55.

[12]国土交通省（2021）「令和 3 年度民間住宅ローンの実態に関する調査」,[https://www.mlit.go.jp/report/press/content/001597955.pdf]

[13]小島俊郎(2016)「我が国のリバースモーゲージの現状と課題」『土地総合研究』,2016 年夏号,pp.28-34.

[14]篠原二三夫(2018)「米国と英国のリバースモーゲージ市場動向」『日本不動産学会誌』,第 32 巻第 1 号,pp.51-55.

[15]島義夫(2019)「大学生の金融に関わる心理的動機と金融リテラシーの関係-効果的な金融教育へのヒントを探る—」『玉川大学経営学部紀要』,第 30 号,pp.17-33.

[16]住宅金融支援機構（2022）「2022 年度住宅ローン貸出動向調査」,［https://www.jhf.go.jp/files/400364610.pdf］

[17]髙沢佳司(2017)「社会人基礎力の知覚、社会的望ましさ、およびダニング・クルーガー効果」『愛知学泉大学・短期大学紀要』,第 52 号,pp.17-26.

[18]谷口聡(2009)「わが国のおけるリバースモーゲージの展開」『高崎経済大学附属研究所紀要』,第 45 巻第 1 号,pp.30-40.

[19]谷村紀彰(2009)「生活保護とリバースモーゲージ制度－要保護世帯向け長期生活支援資金を中心として－」『鹿児島純心女子短期大学研究紀要』,第 38 号,pp.47-58.

[20]戸田昭直(2002)「リバースモーゲージに関する一考察」『危機と管理』,第 33 巻,pp.151-169.

[21]西澤俊雄(2014)「各国のリバースモーゲージの歴史と制度的発展」『中央大学経済研究所年報』,第 45 号,pp.365-384.

[22]橋長真紀子・西村隆男(2015)「大学教養教育における金融教育の有効性」『消費者教育』,第 35 号, pp.75—85.

[23]野村豊弘(2015)「リバースモーゲージの制度的課題」,pp.100-112.

[24]野村総合研究所(2016)「高齢者の所有する不動産の流動化に関する調査結果報告書」［https://www.mhlw.go.jp/file/06-Seisakujouhou-12300000-Roukenkyoku/0000136598.pdf］

[25]宮村健一郎・上村協子・藤野次雄・東珠実・伊藤志のぶ・内田滋・小椋真奈美・鴨池治・富樫光隆・栃尾真一・内藤雄太・松田年弘・松本直樹・村田美希・森保洋・吉井紀夫(2016)「大学生に対する金融教育アンケートの分析」『生活経済学研究』,第 44 号,pp.57-67.

[26]家森信善・上山仁恵(2018)「学校での金融経済教育の経験が金融リテラシーや金融行動に与える影響」『ファイナンシャル・プランニング研究』,第 17 号,pp.52—71.

[27]劉銑鍾・小嶋勝衛・根上彰生・宇於崎勝也(1999)「高齢者の持家を活用した生活安定に関する研究—リバースモーゲージ制度の経済効果分析—」『住総研研究年報』,第 26 巻,pp.323-334.

[28]劉銑鍾・小嶋勝衛・根上彰生・宇於崎勝也(2000)「リバースモーゲージ制度が高齢者世帯に与える影響に関する研究」『日本建築学会計画系論文集』,第 535 号,pp.203-208.

（片川　卓也, 山本　卓）

# 第2章 配偶者居住権と担保価値

## 1. 配偶者居住権制度新設の背景及び社会への影響と研究の目的

　2018年に民法における家族法（相続法）の改正がされ、2020年4月1日の施行により「配偶者居住権」という新しい権利が誕生した。これは、被相続人から残された配偶者が、住み慣れた家に引き続き居住する「配偶者の保護」を立法趣旨としている。この改正で「配偶者」は高額になりがちの土地建物を相続する必要がなくなり、配偶者居住権の設定のみで、引き続き同建物に住み続けることができることになる。

　この新しい権利が生まれると、現実の不動産はどのように変化するのか？そして、現実の不動産が変化するとどのように評価されるのか？前者を法律の問題、後者を評価の問題と捉え研究してゆく。但し、この不動産の変化は、目で見える変化ではない場合が多いことに注意が必要である。今回の権利設定により、配偶者は従前の建物に居住し続け、外見上何ら変化が起こらないことにその特徴がある。

　例えば、ある土地を指さされて、「その土地の価格は？」と依頼者から問われるとき、法律上の判断により、（ア）何ら使用収益を制限する権利の付着していない土地所有権（以下完全所有権という）であるのか、（イ）何らかの使用収益権が付着しているところの所有権（以下付着所有権という）を評価するものであるのか、その客体を法的に確定することがまず重要である。その法律上の判断の後、前者（ア）は更地の評価、後者（イ）は底地の評価となる。つまり我々は物としての「土地」の価格を求めているのではなく、厳密には「土地所有権」の価格を求めている。「配偶者居住権」はその法律上の判断により、所有権の利用を制約する使用収益権の一種として位置づけることになる。確かに、この配偶者居住権は民法典の典型的な用益物権とはしない方向で新設された。[①]　しかし、物権に準じた対抗力ある債権と位置づけられ、

---

[①]　石田剛（2019）「配偶者居住権」『民法（相続関係）改正法の概要』潮見佳男編著 p59〜p60で、配偶者居住権を用益物権にしないことを部会の経緯から説明されている。

所有権と同様、独立して価値を持ち得る。但し、「配偶者居住権」は転売不能であり、取引市場で価格を形成し取引されることはない。以下、本研究の目的は、この配偶者居住権が担保融資に与える影響の解明である。

　当稿では、抵当権を設定する「付着所有権」に焦点を当て、「配偶者居住権」が遺産分割で設定され、登記された場合、この付着所有権をどのように評価するべきであるのかを解明し、担保不動産に発生する損失の検証を研究の目的とする。金融業務又は取引業務の中、この付着所有権を、①法律上どのように理解し、②評価するべきであるのかを明らかにしてゆく。

## 2.　配偶者居住権の基礎的概念と先行研究

　民法第 1028 条第 1 項本文には「被相続人の配偶者（以下この章において単に「配偶者」という）は、被相続人の財産に属した建物に相続開始の時居住していた場合において、次の各号のいずれかに該当するときは、その居住していた建物（以下この節において「居住建物」という）の全部について無償で使用及び収益をする権利（以下の章において「配偶者居住権」という）を取得する。－以下省略－」、そして同条同項の各号のうち一号には「遺産の分割によって配偶者居住権を取得するものとされたとき」－他号省略－と規定されている。

　民法第 1030 条第本文には「配偶者居住権の存続期間は、配偶者の終身の間とする。－以下省略－」と規定されており、配偶者は死亡するまでその建物（土地も当然に）に居住することが可能となる。

　配偶者及び相続人らの遺産分割上の利点は、次の通りと考えられている。

　(1)「配偶者」は高額になりがちの土地建物の全部を相続する必要はなく、配偶者居住権のみの相続で、引き続き同じ建物に住み続けることができ、不動産の相続評価額が下落することによって、終身までの生活費のための現金を多く取得する。それによって、配偶者の老後の生活が安定すると考えられている。

　(2)「子ら」のうちの所有権取得者は、一度で所有権の相続が完了するので、配偶者の死亡時にはその不動産についての二次的な（再度）相続が発生しない。[2]

---

[2]　野田優子(2020)「不動産鑑定士が知っておくべき税務（2回）」『鑑定の広場』第211 号p36～p39 で、配偶者居住権を採用するほうが相続人全体の税務では有利

## 2.1 配偶者居住権と配偶者居住権が付着した所有権の法的概念

配偶者居住権は、不動産の所有権の「使用及び収益(以下利用ともいう)」を制限する権利の一種として位置づけられる。民法の条文では「建物全部」としているが、配偶者が居住建物に住み続ける目的から、その敷地である「土地」に対しても当然に配偶者居住権の効果が及ぶ。後記、図の①の土地建物の配偶者居住権が付着していない所有権(以下完全所有権という)を、「利用する側」と「所有する側」に分割する遺産分割である。

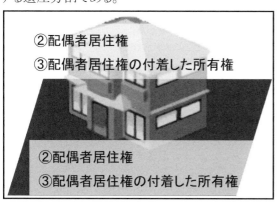

②配偶者居住権
③配偶者居住権の付着した所有権

②配偶者居住権
③配偶者居住権の付着した所有権

②は(利用のみ)
③は(処分のみ)

①完全所有権(利用・処分両方あり)

(出所)筆者作成による。(以下の図表も同じ)

「利用する側」は上記図の②配偶者居住権として配偶者が相続し、「所有する側」は、③の付着所有権を取得する。通常子らが相続するこの所有権は、配偶者の終身、利用が制限され、所有する(処分権)のみとなる。

民法第 1031 条第 1 項に「居住建物の所有者は、配偶者(配偶者居住権を取得した配偶者に限る。以下この節において同じ)に対し、配偶者居住権の設定の登記を備えさせる義務を負う。」と規定され、配偶者は登記を備え(不動産登記法第 59 条、第 81 条の 2)、爾後、(転売等の)第三者に対して対抗することができる。この登記により、所有権がどのように譲渡されようとも、配偶者は終身までその不動産全体を無償で利用することができる。逆に、新規の所有権取得者(第三者)は利用という点に

---

である旨指摘されている。

おいて配偶者に対抗できない。

　配偶者が亡くなられた後は、自動的に③付着所有権ではなくなり、①の完全所有権に（再度の相続手続きを経ることなく）復帰することになる。所有権の「処分権」に、再び「使用及び収益権」が戻り、その時点から、子ら所有者は自由にその土地建物を使用及び収益（利用）することができるようになる。

## 2.2　配偶者居住権と配偶者居住権が付着した所有権の評価的概念

　現在、評価主体における代表的な評価方法は、相続税法の第 23 条の 2（配偶者居住権等の評価）と、不動産鑑定協会連合会の「配偶者居住権等の鑑定評価に関する研究報告」（以下研究報告という）がある。研究報告による評価方法は、下記図にある権利の①完全所有権並びに②配偶者居住権及び③付着所有権のそれぞれを、別個独立して求める方式（以下、仮称：独立財産方式と呼ぶ）と②と③の評価割合により①の価格を配分する方法（以下、仮称：配分方式と呼ぶ）がある。いずれにせよ①～③其々の価格算出が評価のスタートとなる。税法の評価方式や研究報告の配分方式も、独立財産方式の価格を基礎とする計算式と位置づけることができる。

　下記図における「現在」は、被相続人がお亡くなりになり、相続が開始された時点である。この時点において遺産が分割されたことになり、評価される遺産が其々の相続人に帰属したことになる。「死亡」というのが、配偶者がお亡くなりになるであろう将来の時点である。この図の「利用」という縦方向は、家賃のようなもので、当該不動産の「利用から得られる効用」の幅を表している。横方向は「時間」である。

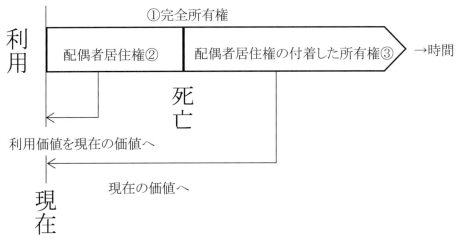

①の完全所有権は、使用及び収益権と処分権を持つ所有権の基本的な法律形態で、通常の「土地の価格」と「建物の価格」の合計により求めることができる。

②の配偶者居住権は、当該不動産（土地及び建物）を無償で使用収益することができ、使用及び収益は、家賃等の効用で表すことができる。従って、この権利は、配偶者の死亡までの終身の間、このような年間の家賃分を「効用」として受け取る（現実には利用する）ことができる権利と理論化できる。すると、毎年の家賃相当額の終身に渡る合計、「利用価値の現在価値の総和」が「配偶者居住権」価格として評価できる。（イメージとして上記、図の②参照）計算式は以下の通りである。

$$\boxed{(対象建物の賃料相当額-必要費)}\times\boxed{年金現価率}$$

③の付着所有権者は、配偶者の終身の間、原則として当該不動産を全く「使用及び収益」できない。結果、利用権の効用は、配偶者の死亡後に表面化することになる。こうなると、この遺産分割制度は、完全所有権①を、配偶者の死亡という時点を境に、配偶者居住権②と付着所有権③で時間的に分割する価値基本形態といえる。また、③の付着所有権は、将来の配偶者の死亡という時点に、完全所有権①を受け取る予定権利（時間的に制限された所有権）と定義することもできる。計算式としては完全所有権①を、死亡時点から逆に現在価値に向かって割り引き（時間的な制限による減価）評価する。（イメージとして上記、図の③参照）算出方法は以下の通りである。

$$\boxed{配偶者居住権消滅時の建物及びその敷地の価格}\times\boxed{複利現価率}$$

## 2.3　先行研究と法的判断及び評価の困難性

多くの先行研究における分割は、配偶者は利用のみを行い、所有者は利用のない処分権のみで、シンプルに長期間関係が継続する状況をモデルとして解釈されている。[3]　しかし、次章においてその課題を指摘するが、「建物及び土地」を分け合

---

[3] 村井みわ子（2019）「配偶者居住権に関する運用」『東京家庭裁判所家事第五部

って共に物権的に「支配」する現実は、利用する「範囲」と「期間」につき主張が錯綜することも多く、不動産の利用範囲等が千差万別になる恐れがある。そうなると、先の簡易評価方法を用いた評価では必ずしも十分なものとは言えない。このように複雑な関係等は、遺産分割協議書が将来にわたり、相続人らの合理的意思を確実に予見したものとはならない可能性も出てくる。

　価値評価的には「利用と所有の明確な分離」が要求されている中で、現実には相続人間の明確とは言えない不動産の分離が合意されると、民法上の独立した物権の客体としての「物」の範疇や、登記法上の「地番」や「家屋番号」の範疇に当てはめにくくなり、適正な評価額を求めるためには、かなり高度なスキルが要求されることになる。

　正確な遺産分割協議書の作成と、それに照応した登記が必要であるが、理論の入口としての「不動産に関する法律」と、出口としての「個々の権利の評価」をほぼ完全に空間的、及び、時間的に理解し、数値化するスキルが不可欠となる。これは、一般常識レベルではとても困難と言わざるを得ないレベルのものと筆者は感じている。

　配偶者の居住部分以外の残部を専ら他の者が使用していた場合も、残部を含めた建物全体について配偶者居住権を取得することができるものと部会（法制審議会民法部会資料 15・9）から引き続き解釈されている。[4]

　つまり、例えば建物の一部が店舗又は事務所、賃貸用共同住宅等で他の者が利用しており、残りの一部が配偶者居住用の一室であっても、配偶者居住権は建物（民法上の「物」として、若しくは、不動産登記法上の「表示」範囲として）全体に及ぶものと解釈されている。これは、一見配偶者居住権が広く解釈され、配偶者の保護に優れているように感じる。しかし、他の部分を利用している第三者も巻き込んで、さらに権利関係が複雑になり、第 8 章における課題（問題点）の可能性が増加する。

---

における相続法改正を踏まえた新たな実務運用』第3p62〜p63、p81 で、この改正により居住権を配偶者に、所有権を子に取得させる方法を選択できる旨指摘している。さらに、その分割による簡易な評価方法を紹介している。
[4]　石田剛(2019)「配偶者居住権」『民法（相続関係）改正法の概要』潮見佳男編著 p61 で、配偶者居住権は他の者が使用している他の部分にも及ぶ解釈を示している。

## 2.4　配偶者居住権と付着所有権の主な評価方式

　相続税法第 23 条の 2 の配偶者居住権、付着所有権の価格は付着していない所有権価格から控除する算定式(以下、控除法と言う)となっている。[5]

　日本不動産鑑定士協会連合会は「配偶者居住権等の鑑定評価に関する研究報告」(以下研究報告という)で、当該連合会指針の制定改廃に関する規定第3条4号に基づき、配偶者居住権の評価方法を公表している。いまだ実務での検証が少ないことから、当該連合会はこの公表された理論を、鑑定評価に当たり準拠するべき「実務指針」より二段階低い評価に当たり参考とする「研究報告」と位置づけている。[6]　求める②は特殊価格③は正常価格と位置づけている。[7]

## 3.　問題点の指摘(分割損失と評価損失)と研究課題

　連合会研究報告の鑑定評価額の決定は、配分方式の場合、完全所有権①を案分するため、常に②+③=①となることを示している。しかし、独立財産方式の場合は別個独立に算定するから②+③=①となるとは限らない。

　つまり、上記独立財産方式の場合における②と③の合計は、先の「税法の場合の控除法」や、「配分方式」とは「数式の趣旨」が大きく異なっており、かつ、別個独立の計算となるため、配偶者居住権と付着所有権の合計が、「配偶者居住権の付着していない建物及びその敷地の所有権①」を、下回る結論もあり得ることを示唆している。式で示すと、②+③≦①である。「遺産分割により資産合計が目減りする」という結論である。それでも、遺産分割において、配偶者居住権の設定は相続人らの自由であり、その減額は相続人らに帰属する。民法の私的自治の原則により、その損

---

[5]　佐々木好一(2019)「配偶者居住権の評価方法」『新しい相続実務の徹底解説』吉田修平　森川紀代編著　青林書院p35 税制改正大綱の評価方法を明文で採用した旨記述され、建物と敷地の所有権を、配偶者居住権を控除して求める式として紹介されている。
[6]　日本不動産鑑定士協会連合会(2019、12)「目的と背景」『配偶者居住権の鑑定評価に関する研究報告』I 1p1～p2 において研究報告に留める旨記述している。
[7]　日本不動産鑑定士協会連合会(2019、12)「(3)鑑定評価額の決定」『配偶者居住権の鑑定評価に関する研究報告』III3p15 において配分する場合と独立で求める場合を記述している。

失(責任)も当然本人に帰属する。

　研究報告では、権利の単独処分の合意がある鑑定評価の場合を「独立財産方式」採用の例としている[8]が、現実社会においてこの例示のみでは十分ではない。以下問題点と研究課題を指摘する。

### 3.1　遺産分割による配偶者居住権設定の効果（基本式）と分割損失（1）と分割損失(2)

　遺産分割によって「配偶者居住権」が設定され、上記②＋③＝①に基本式が成立すると、以下の式により付着所有権はその価値が理解される。

$$\boxed{完全所有権①} - \boxed{配偶者居住権②} = \boxed{付着所有権③}$$

　当初の「完全所有権①」価格が、新規に設定した「配偶者居住権②」の分だけ、減価が起こり、「付着所有権③」が評価されることを「第一の減価(仮称)」とする。

　しかし、上記基本式にあてはまらない前述のような現実があると、「配偶者居住権②」及び「付着所有権③」が減価されてしまい、②＋③≦①が成立する評価を予測する。この「配偶者居住権②」及び、「付着所有権③」そのものが減額されて評価されることを「第二の減価(仮称)」とする。この第二の減価のうち「配偶者居住権②」に係る減価を、分割損失(1)(仮称、以下同じ)とする。これは、先の研究報告による独立財産方式の、様々な要因(次節で説明する)による「対象建物の賃料相当額の低下」又は「必要費上昇」によって引き起こされる。

　また、この第二の減価のうち「付着所有権③」に係る減価を、分割損失(2)(仮称、以下同じ)とする。これも、先の研究報告による独立財産方式の、「複利現価率」算定の基礎となる変数のうち「割引期間の延長」又は「資産保全の危険による金利の上昇」(次節で説明する)によって起こると考えられる。

---

[8]　日本不動産鑑定士協会連合会(2019、12)「(3)鑑定評価額の決定」『配偶者居住権の鑑定評価に関する研究報告』Ⅲ3p14 において独立で求める場合の根拠を記述している。

## 3.2 分割損失（1）（2）の発生原因と鑑定士の善管注意義務及び研究課題

　第二の減価のうち「配偶者居住権②」は、分割損失（1）の発生可能性がある。配偶者の居住状況が劣悪の場合や「必要費」が増大する場合は「純賃料相当額」が目減りし、配偶者居住権が減価される。不動産鑑定士を始めとする専門家（以下、不動産鑑定士等という）は、遺産分割において当該減価を説明する善管注意義務がある。

確かに、配偶者居住権に減価が起こったとしても、それは遺産分割という個人の法律行為で行ったもので、相続人にその結末の責任がある。従って、制度上も、配偶者居住権設定は遺産分割における個人の選択肢の一つとして位置付けるに留めている。[9]

　しかし、第1029条2項の審判上の配偶者居住権の取得における「不利益判断」の解釈では、若干の強制力が必要である。家庭裁判所の審判では、評価に至るまでの将来にわたる綿密な検討からの法律上の判断が要求されることになる。言い方を替えると、評価を含めた綿密な法判断の指針を確立しなければ、「不利益判断」を審判することができない。

　次に、第二の減価のうち「付着所有権③」は、分割損失（2）の発生可能性がある。まず、割引期間を求める場合、法律上配偶者の終身となっているため、「完全所有権」の現実の復帰時期がずれると、利用返還時期が不安定になる。価格を求めるうえでの経済理論上、その時期が不安定になる事象は、利回り上昇効果が予測できる。加えて同じく、建物の耐用年数が終身より早く到来する場合も、同様の効果が予想され評価減が発生する。

　また、民法第1033条第1項は「配偶者は、居住建物の使用収益に必要な修繕をすることができる（以下、配偶者による修繕と言う）。」と規定している。そして当該条文の第2項には「居住建物の修繕が必要である場合において、配偶者が相当の期間内に必要な修繕をしないときは、居住建物の所有者は、その修繕をすることができる（以下、所有者による修繕という）。」と規定している。

---

[9]　岩永隆之（2019）「配偶者居住権の法的性質」『新しい相続実務の徹底解説』吉田修平、森川紀代編著p21～p22で、配偶者居住権はあくまでも、選択肢の一つである旨指摘されている。さらに、強制されるものではないことも指摘されている。

　問題は、その両者の修繕が義務ではなく、権利として「できる」と位置付けられている点にある。これが、賃貸借契約による所有者の修繕義務と大きく異なり問題となる。賃貸借契約の場合は、家賃を原資として所有者に修繕義務が課されており、抵当権の目的である資産価値が保全される。しかし、当該制度は、資産価値の保全上、必要な修繕がなされる必然性はなく「抵当権侵害」の可能性として金融機関に重く評価上の問題がのしかかってくる。

　遺産分割おいて、評価を担当する不動産鑑定士を始めとする専門家（以下、不動産鑑定士等と言う）は、配偶者やその他の相続人らに対して、そして、担保権設定者に対して減価の可能性を説明する善管注意義務がある。この分割損失（1）（2）の究明が、当該研究の課題である。

## 3.3　評価損失の発生と研究課題

　以上のように、第一義的には、分割損失が発生しないように、分割のアドバイスすることが不動産鑑定士等に要求される。

　次に、不動産鑑定士等は「経済（評価）市場」に対する責任として、遺産分割により損失がある場合は、やはり忠実に減額評価することが重要である。結果として、「配偶者居住権②」＋「付着所有権③」の合計が、「完全所有権①」に比較して減額している場合（①＞②＋③）でも、②や③を肥大化させて評価してはいけない。[10]

　つまり、金融機関等が抵当権を設定し融資する場合、不動産鑑定士等には重要な評価義務（善管注意義務）がある。（減額が必要な場合に）減額せず、肥大化させて評価し、債権回収できない事になると大きな問題となる。[11]　不動産鑑定士等が金

---

[10]　但し、税法上の評価は、完全所有権と配偶者居住権を別個に求め、前者から後者を控除することによって付着所有権を求める。いわゆる「①－②＝③（仮称：控除方式）」であり、権利設定による減額があっても合計では減額が表面化しない式となっている。これは、遺産分割に配偶者居住権を設定してもしなくても、相続人らからの課税総額が「課税の平等から」同額でなければならないからであり、個人の遺産分割により課税総額の変化（減額）を税法は認めないのである。税法のこの評価方法は適正といえる。

[11]　研究報告の「配分方式」を用いる場合は、①を②と③の価格割合により配分（案分）し、②に抵当権設定すると、担保評価の場合には②の債権回収のための売却可能額を、配分方式による評価額が上回る可能性も出てくる。回収が可能か注意し

融界の信頼を得るための重要な課題と言える。このように、現実に忠実な評価を怠ることによる信頼失墜等による損失を、不動産鑑定士等の評価損失(仮称)とする。

## 4. 研究課題である「分割損失」のモデル化

権利評価と「分割損失」をモデルにより説明する。

### 4.1 相続税法の評価

税法の評価方法は、概ね次の通りである。

税法上の評価のイメージ(筆者独自作成)

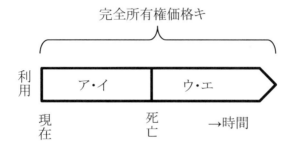

**(出所)筆者作成 以下すべての図に付同じ**

配偶者居住権価格がア(建物)+イ(敷地)であり付着所有権価格がウ(建物)+エ(土地)である。キは配偶者居住権が付着する前の土地建物の「完全所有権」価格である。税法の趣旨から、居住権を設定しても、しなくても評価総額は遺産分割ごと常に一致する。

### 4.2 不動産鑑定士協会連合会の研究報告による評価 (1)

研究報告の配分方式は、配偶者居住権価格②と、付着所有権価格③の両者の単独評価割合で、完全所有権価格①を案分する方式で、税法と同じく評価総額が完全所有権に常に一致する。

---

配分方式（仮称）のイメージ（筆者独自作成）

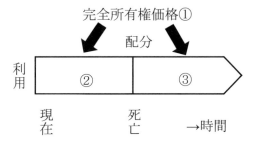

## 4.3　研究報告による評価（2）

　独立財産方式は、①はもちろんのこと、②と③も、それぞれ個別独立して求める。その合計と完全所有権価格①との関係は特に言及していない。

独立財産方式（仮称）のイメージ（筆者独自作成）

## 4.4　独立財産方式の変形の一方式（新方式）

　配偶者居住権が存続する間、土地建物所有権は担保資産としての価値も認められる。担保権（抵当権）は物の処分による換価価値に着目しているため、処分権の一形態と捉えられる（民法第 206 条）。担保価値の数値化には、独立財産方式を基本としつつ、以下の新算定方式が必要となる。

## 独立財産方式(仮称)の変形新方式のイメージ(筆者独自作成)

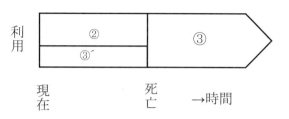

完全所有権価格(①)

②配偶者居住権(使用利益)
③´担保利益

　②と③の評価は基本的な独立財産方式である。担保価値部分である③´の算定式は以下の通りである。

$$\boxed{(\text{土地建物価格}(①) \times \text{複利現価率})} \times \boxed{\text{金融掛目}(0.7)} \times \boxed{(R-R'')} \times \boxed{\text{年金現価率U}}$$

$$=③´$$

　　R　:担保提供しない場合の年利息

　　R'':担保提供した場合の年利息

　　U:配偶者居住権設定から死亡までの期間に対応するもの


### 4.5　分割損失の発生モデル

配偶者居住権②の効用(家賃相当額)が低下すると矢印(↑)の方向へと移動する。金融機関が有利な金利を拒絶すると、③´は縮小する(↓)。さらに、不動産返還時期や保全上の疑義を始め、所有者側の権利が不安定な場合等は資産としての不確実性、危険性が増す。その結果、資産(所有権)としての利回りが上昇し、③は縮小(→)する。次図の通り「分割損失」が発生する。

独立財産方式(仮称)の変形新方式(分割損失あり)のイメージ(筆者独自作成)

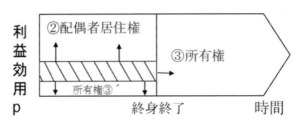

①全体の土地建物価格(配偶者居住権を付けていない場合の価格)

## 5.　研究課題である分割損失のケーススタディによる検証

　本章では、前章で特定した分割損失を評価的に把握するために、不動産鑑定評価実務で採用されている収益還元法を援用する。収益還元法は、収益性に着目して不動産価値(収益価格)を把握するもので、不動産の収入から支出を差し引いた純収益を資本還元して求めるものである。

　分割損失を、配偶者居住権が設定されていない条件の不動産の価格から、配偶者居住権が設定されることによる利用制約等を反映した収益価格を求め、両者の差額として把握する。これは現実に照らして複数のケースが想定されるため、それぞれについての試算を試みる。

### 5.1　標準的減価が起こらないケース

　一般戸建住宅を配偶者のみが使用し、期間は 20 年とする。土地価格(那覇市久米 2 丁目在)は地価公示より求め、建物は建築単価を査定し、定額法により減価償却し評価する。配偶者居住権の付着していない完全所有権①価格は次の通り39,843,202 円となる。

　次に、配偶者居住権は 1 行目の通り賃貸事例比較法により賃料相当額を算定し、必要費等や固定資産税額を控除し、6 行目の純賃料を算定する。これに、9 行目の(20 年の終身までの期間に基づく)「年金現価率」を乗じて収益還元法により現在価値の総和を求め、配偶者居住権価格②は 28,015,064 円(10 行目)となる。なお、配偶者居住権に譲渡性はないため取引事例比較法は適用できない。

## 一般戸建住宅全体をシンプルに配偶者自身が利用する場合

| 別紙 | 事例研究5.1 | | 配偶者20年 | | | |
|---|---|---|---|---|---|---|
| 分類 | 一般戸建住宅・配偶者のみ使用型 | | | | | |
| | | | | 第一種住居地域 | | |
| | | 土地 | 建物 | 実行容積率 | 指定容積率 | |
| | 面積 | 109.19 | 173.17 | 159% | 200% | |
| | 階層 | | 4 | | | |
| | 経過年数 | | 29 | | | |
| | 残存年数 | | 21 | | | |
| | 全耐用年数 | | 50 | | | |
| | 現価率 | | 42% | | | |
| | 単価 | 245,000 | 180,000 | | | |
| | 総額 | 26,751,550 | 31,170,600 | | | |
| | 現価率 | | 0.420 | | | |
| | 現在価格 | 26,751,550 | 13,091,652 | 合計 | 39,843,202 | |
| | 配偶者年数 | 20 | | | | |

| | 「配偶者居住権評価」 | | | | | |
|---|---|---|---|---|---|---|
| 計算式 | | 250,000 | 月 | | 賃料単価 | 1,450 円／㎡ |
| 1 | 家賃相当額年 | 3,000,000 | | 14 | 「土地建物所有権評価」 | |
| 2 | 必要費 | 300,000 | | 15 | | |
| 3 | 固定資産税（土地） | 39,325 | | 16 | 土地建物合計 | 39,843,202 |
| 4 | 固定資産税（建物） | 218,194 | | 17 | 還元利回り | 0.06 |
| 5 | 経費合計 | 557,519 | 0.19 | 18 | 算定期間 | 20 |
| 6 | 純賃料 | 2,442,481 | | 19 | 複利現価率 | 0.311805 |
| 7 | 還元利回り | 0.06 | | 20 | 現在価値 | 12,423,310 |
| 8 | 算定期間 | 20 | | | | |
| 9 | 年金原価率 | 11.469921 | | | | |
| 10 | 配偶者居住権 | 28,015,064 | | | | |
| 11 | | | | | | |
| 12 | 資産合計 | 40,438,374 | | 土地建物に対する差額（下落）割合 | | |
| 13 | 差額 | 595,172 | | 1% | | |

　最後に、20年後の「完全所有権」の土地建物の価値を、20年間の時間で割引いて現在価値として付着所有権③を求める。つまり、16行目の完全所有権①価格に（17行目の利回りに基づく18行目の期間における19行目の）「複利現価率」を乗ずることにより、将来の完全所有を予定する現在価値として算定する。20行目の付着所有権③は 12,423,310 円と算定された。②＋③合計と①との差額は13行目の通り＋595,172 円である。シンプルに建物全部に配偶者居住権が設定される形態に、分割損失は発生しない。

## 5.2　配偶者居住権の減価及び損失ケース

　土地が最有効の状況にない建物を配偶者のみが利用する場合の分割損失（1）である。

　このケースは、建物全体を配偶者が居住として利用するが、土地が最有効に利用されているとは言い難い建物の形態である。論点は配偶者一人の利用では、土地を持て余す状況である。権利の分離から、配偶者も子も増築等、最有効使用への改良が、終身の間容易ではないものと考えられる。不動産全体の収益が一般的な水準より低くなるため、差額が－5,606,248 円となり、配偶者居住権に分割損失（1）が確認できる。

### 土地が最有効の状況にない建物を配偶者のみが利用する場合

| 別紙 | 事例研究5.2 | | 分割損失（1）配偶者10年 | | | |
|---|---|---|---|---|---|---|
| 分類 | 一般戸建住宅建付減価（土地が最有効にない場合）あり | | | | | |
| | | | | | 第一種住居地域 | |
| | | 土地 | 建物 | | 実行容積率 | 指定容積率 |
| | 面積 | 185.12 | 149.6 | | 81% | 200% |
| | 階層 | | 2 | | | |
| | 経過年数 | | 50 | | 土地二筆合計 | 185.12 |
| | 残存年数 | | 10 | | 建物二階未登記 | 74.8 |
| | 全耐用年数 | | 60 | | | 74.8 |
| | 現価率 | | 17% | | | 149.6 |
| | 単価 | 245,000 | 180,000 | | 容積充足率 | 81% |
| | 総額 | 45,354,400 | 26,928,000 | | （完全所有権価格） | |
| | 現価率 | | 17% | | 配偶者居住権の付着していない | |
| | 現在価格 | 45,354,400 | 4,488,000 | | 土地建物所有権 | 49,842,400 |
| | 配偶者年数 | 10 | | | | |
| | | | | | | |
| 「配偶者居住権評価」 | | 賃料単価 | 1530 | | 配偶者居住権の付着している | |
| 計算式 | | 230,000 | 月賃比較による | | 土地建物所有権 | |
| 1 | 家賃相当額年 | 2,760,000 | | 14 | 「土地建物所有権評価」 | |
| 2 | 修繕費 | 276,000 | | 15 | | |
| 3 | 固定資産税（土地） | 66,671 | | 16 | 土地建物合計 | 49,842,400 |
| 4 | 固定資産税（建物） | 188,496 | | 17 | 還元利回り | 0.06 |
| 5 | 必要費等合計 | 531,167 | 0.19 | 18 | 算定期間 | 10 |
| 6 | 純賃料 | 2,228,833 | | 19 | 複利現価率 | 0.558395 |
| 7 | 還元利回り | 0.06 | -g考慮後 | 20 | 現在価値 | 27,831,747 |
| 8 | 算定期間 | 10 | 年 | | | |
| 9 | 年金原価率 | 7.360087 | | | | |
| 10 | 配偶者居住権 | 16,404,405 | | | | |
| 11 | | | | | | |
| 12 | 資産合計 | | 44,236,152 | | 土地建物に対する差額割合 | |
| 13 | 分割損失差額 | － | 5,606,248 | | 11% | |

## 5.3　配偶者居住権が付着した所有権の減価と損失ケース

　期間的な齟齬又は配偶者との紛争の可能性があり、かつ資産保全に疑義がある場合等で、分割損失（2）の可能性を示唆する検証例である。

　このケースは、建物全体を配偶者が居住として利用するケースで、土地は概ね最有効使用の状況で利用されており、建物を有効に利用し始めることには問題ない。しかし、配偶者は通常の計算基準では20年の終身となるが、健康な実際の配偶者の状況では、20年より長期に延びる可能性があるケースを想定した。6%標準利回りから、0.5%アップする。

## 期間的な齟齬又は配偶者との紛争の可能性がありかつ資産保全に疑義がある場合

| 別紙 | 事例研究5.3 | | 配偶者20年 | | | |
|---|---|---|---|---|---|---|
| 分類 | 期間齟齬・資産保全疑義型 | | | | | |
| | | | | 第一種住居地域 | | |
| | | 土地 | 建物 | 実行容積率 | 指定容積率 | |
| | 面積 | 109.19 | 173.17 | 159% | 200% | |
| | 階層 | | 4 | | | |
| | 経過年数 | | 29 | | | |
| | 残存年数 | | 21 | | | |
| | 全耐用年数 | | 50 | | | |
| | 現価率 | | 42% | | | |
| | 単価 | 245,000 | 180,000 | | | |
| | 総額 | 26,751,550 | 31,170,600 | | | |
| | 現価率 | | 0.420 | | | |
| | 現在価格 | 26,751,550 | 13,091,652 | 合計 | 39,843,202 | |
| | 配偶者年数 | 20 | | | | |
| | | | | | | |
| 「配偶者居住権評価」 | | | | | | |
| 計算式 | | 250,000 | 月 | 賃料単価 | 1,450 円／㎡ | |
| 1 | 家賃相当額年 | 3,000,000 | | 14 | 「土地建物所有権評価」 | |
| 2 | 必要費 | 300,000 | | 15 | | |
| 3 | 固定資産税(土地) | 39,325 | | 16 | 土地建物合計 | 39,843,202 紛争危険 | 0.005 |
| 4 | 固定資産税(建物) | 218,194 | | 17 | 還元利回り | 0.07 価値保持 | 0.005 |
| 5 | 経費合計 | 557,519 | 0.19 | 18 | 算定期間 | 20 |
| 6 | 純賃料 | 2,442,481 | | 19 | 複利現価率 | 0.258419 |
| 7 | 還元利回り | 0.06 | | 20 | 現在価値 | 10,296,240 |
| 8 | 算定期間 | 20 | | | | |
| 9 | 年金原価率 | 11.469921 | | | | |
| 10 | 配偶者居住権 | 28,015,064 | | | | |
| 11 | | | | | | |
| 12 | 資産合計 | | 38,311,305 | 土地建物に対する差額(下落)割合 | | |
| 13 | 差額 | −1,531,897 | | 4% | | |

　さらに、相続人らの普段の関係が必ずしも良好ではなく、将来の必要な修繕を、配偶者側および子ら側両者が適正に支出しない状況を想定した。抵当目的資産価値の保全の問題から、利回り0.5%をアップし7%と判断した。結果差額は−1,531,897円となり、付着所有権に分割損失(2)が確認できる。

## 6.　研究課題である分割損失のアンケートによる検証

　2020 年 10 月に、50 歳以上 79 歳以下の既婚者で、子供を持つ男女一般向けサンプル数 1,000 人（以下 Q1〜9 までの一般向けアンケートという）、及び 30 歳以上 60 歳以下の金融、証券、保険業者、サンプル数 500 人（以下 Q1〜9 までの金融機関向けアンケートという）、並びに 30 歳以上 70 歳以下の不動産業、サンプル数 300 人（以下 Q1〜9 までの不動産取引業者向けアンケートという）にインターネットによる意識調査を行った。以下、其々に最も特徴的であった、Q1 と Q8 のクロス分析により研究課題を検証する。まず、一般向けアンケートで、配偶者居住権の減価要因を検証し、分割損失（1）の原因を市場の意識から明らかにする。さらに、金融機関及び不動産取引業者向けアンケートによって、付着所有権の減価要因を検証し、分割損失（2）の原因を市場の意識から明らかにする。

### 6.1　一般向けアンケートと分割損失（1）

　下記の表の下線の強調文字部分（構成割合）を説明すると、配偶者居住権を聞いたことがない回答者の多数（52.1％）は「妻又は夫は土地建物を相続しない」つまり「子が相続する」となっている。しかしこれに対して、「配偶者居住権の内容について知っている回答者」は、「妻又は夫は土地建物を相続する」とし、子に相続させないという回答が多く（17.4％）、配偶者居住権を避ける（遺産分割の）方向に意思が集中していることがわかる。

## 一般のクロス集計の分析結果

| | | N | Q8 配偶者居住権（法律上の権利）を知っていますか？ | | | |
| --- | --- | --- | --- | --- | --- | --- |
| | | | 内容について知っている。 | 内容について多少知っている。 | 聞いたことはあるが、内容はよく分からない。 | 聞いたこともない。 |
| | N | 1000 | 137 | 249 | 287 | 327 |
| | | 100.00% | 13.70% | 24.90% | 28.70% | 32.70% |
| Q1 夫婦のどちらかがなくなったら、土地建物は配偶者（残された妻か夫）が相続しますか？ | 妻または夫名義で相続する。 | 552 | 96 | 144 | 153 | 159 |
| | | 100.00% | **17.40%** | 26.10% | 27.70% | 28.80% |
| | おそらく妻か夫名義で相続する。 | 230 | 24 | 64 | 71 | 71 |
| | | 100.00% | 10.40% | 27.80% | 30.90% | 30.90% |
| | どちらともいえない。 | 145 | 12 | 30 | 44 | 59 |
| | | 100.00% | 8.30% | 20.70% | 30.30% | 40.70% |
| | 妻又は夫は土地建物を相続しない。 | 73 | 5 | 11 | 19 | 38 |
| | | 100.00% | 6.80% | 15.10% | 26.00% | **52.10%** |

# 6.2 金融機関及び不動産取引業者向けアンケートと分割損失（2）

## 金融機関のクロス集計の分析結果

| | | N | Q8 Q7 で、「今後、売買は少数ならありうる。」または「今後、売買はできるだけ避ける。」を選んだ方に質問です。なぜですか？ | | | |
| --- | --- | --- | --- | --- | --- | --- |
| | | | 配偶者（親）と所有者（子）との関係が読めないから。 | 所有者（子）の土地建物の価値が落ちるから。 | 土地建物（子）の売却が困難になるから。 | なんとなく経験から。 |
| | N | 173 | 42 | 46 | 88 | 18 |
| | | 100.00% | 24.30% | 26.60% | 50.90% | 10.40% |
| Q1 あなたは、配偶者居住権を知っていますか？ | 内容について知っている。 | 26 | 8 | 7 | 14 | 0 |
| | | 100.00% | 30.80% | 26.90% | 53.80% | 0.00% |
| | 内容について多少知っている。 | 45 | 13 | 14 | 19 | 4 |
| | | 100.00% | 28.90% | 31.10% | 42.20% | 8.90% |
| | 聞いたことはあるが、内容はよくわからない。 | 54 | 12 | 18 | 27 | 4 |
| | | 100.00% | 22.20% | 33.30% | 50.00% | 7.40% |
| | 聞いたこともない。 | 48 | 9 | 7 | 28 | 10 |
| | | 100.00% | 18.80% | 14.60% | 58.30% | 20.80% |

表の金融機関に対するクロス結果は、不動産業者の表6と特徴が同傾向である。これは、認知度の違いに応じた、付着所有権を避ける理由についてのアンケートで

ある。縦の項は、上部に行くにつれ配偶者居住権及び付着所有権に対する認識の深さが増す。それぞれの認識の度合いにより、最も選択率が高い部分を強調してある。配偶者居住権制度について認識度の低いほうから高いほうへ回答率を注目すると、右下から左上へと選択項目が多い回答率となる。下記の表が不動産取引業者向けアンケートクロス集計の結果となっており同様の特徴を示している。

### 不動産取引業者のクロス集計の分析結果

| | | | Q8 Q7で、「今後、売買は少数ならありうる。」または「今後、売買はできるだけ避ける。」を選んだ方に質問です。なぜですか？ | | | |
|---|---|---|---|---|---|---|
| | | N | 配偶者（親）と所有者（子）との関係が読めないから。 | 所有者（子）の土地建物の価値が落ちるから。 | 配偶者居住権がつくと、土地建物の売却が困難になるから。 | なんとなく経験から。 |
| | N | 123 | 41 | 26 | 59 | 15 |
| | | 100.00% | 33.30% | 21.10% | 48.00% | 12.20% |
| Q1 あなたは、配偶者居住権を知っていますか？ | 内容について知っている。 | 21 | 9 | 4 | 9 | 2 |
| | | 100.00% | **42.90%** | 19.00% | 42.90% | 9.50% |
| | 内容について多少知っている。 | 48 | 22 | 13 | 19 | 4 |
| | | 100.00% | **45.80%** | **27.10%** | 39.60% | 8.30% |
| | 聞いたことはあるが、内容はよくわからない。 | 34 | 7 | 6 | 22 | 3 |
| | | 100.00% | 20.60% | 17.60% | **64.70%** | 8.80% |
| | 聞いたこともない。 | 20 | 3 | 3 | 9 | 6 |
| | | 100.00% | 15.00% | 15.00% | 45.00% | **30.00%** |

　クロス集計の右下であるが、認識が最も低く、聞いたこともない回答者は「ただ何となく」配偶者居住権を避けるという回答（30.0％）が多くなっている。続いて左上、下から二段階目に認識度が上がり「聞いたことはある」という回答者になると、「（理由はわからないが）土地建物の売却が困難になるから」と、上記よりはやや避ける根拠を明らかにした回答（64.7％）が多くなっている。

　さらに左上、下から三段階目の「内容について多少知っている」レベルに配偶者居住権に対する認識が高まると、「土地建物の価値が落ちるから」と、売却困難の理由にまで言及しており、27.1％の回答率となっている。

　最後に、さらに左上、下から四段階目の、配偶者居住権制度の認知度が最も高

い回答者が「知っている」とのレベルに至ると、さらに、上記土地建物の価値下落の根拠となる「配偶者と子の（権利）関係が読めないから」という回答を多く選択（42.9%）し、最終理由にまで到達している。

## 6.3　アンケートクロス集計のまとめ

配偶者居住権を避けると答えた人の中で、避ける理由を問うと、その認識の深さの違いから理由の深浅が明らかになってきた。

この結果は、「何となく経験から避ける」から、配偶者居住権の認識の度合いが増すにつれ、「土地建物の売却が困難になるから」そして「所有者（子）の土地建物の価値が落ちるから」となり、最終的には、価値が落ちる原因である「配偶者（親）と所有者（子）の（将来にわたる）関係が読めないから」というより深い根拠へと到達していることがわかる。

## 7.　研究課題である「分割損失」のインタビューによる検証

令和 3 年 8 月 18 日午前 10 時から 1 時間、ある金融機関の法務系の担当部署の審査担当者に対して、「配偶者居住権が付着した所有権に関するインタビュー」を実施した。

### 7.1　インタビュー内容

質問1

将来配偶者居住権の付着した土地及び建物に担保を設定する可能性はありますか？

コメント：配偶者居住権の付着した土地及び建物について、顧客より担保提供の依頼がある場合は検討します。

質問2

配偶者居住権の付着した土地及び建物に担保設定を行う場合、配偶者居住権の付着していない土地及び建物に担保設定を行う場合と異なる貸付基準となると思いますか？

コメント：配偶者居住権は登記により第三者対抗要件を具備すると考えられることから、配偶者居住権の付着していない土地・建物とは異なる取り扱いとなります。

質問3

上記で異なる場合、法的には土地及び建物両者に担保権を設定する事になりますか？なぜなら、配偶者居住権は土地には登記されず、建物登記簿にのみ、登記されるものと思われます。

コメント：担保実行の観点（土地・建物一体処分）から、基本的には土地・建物の両者への担保権設定を検討します。

質問4

次に、上記で異なる場合、配偶者居住権が付着していない完全所有権の土地建物と、配偶者居住権の付着した土地及び建物を比較すると、土地及び建物それぞれの担保価格把握には「金額の相違」が出ると思いますか？なぜなら、配偶者居住権が付着すると土地・建物の所有者はその土地建物を配偶者存命の間利用することができず、配偶者から賃料を受け取ることもできないからです。

コメント：配偶者居住権の付着した土地・建物は、配偶者存命の間利用ができない等の制限があるため、配偶者居住権の付着していない土地・建物に比べ、金額の相違（減価）は生じると思料されます。

質問5

上記に相違がある場合、配偶者居住権の付着した土地及び建物は、付着していない完全所有権の価格に比して、結論として、低額になり減価する基準となると考えますか？又は相違はあるであろうが、減額まではあり得ない（ほぼ同額）と考えますか？

コメント：質問4の通り減価は生じるものと思料されます。

質問6

配偶者居住権の付着した土地及び建物に担保設定を行う場合、下記の選択肢のうち該当する不安にチェックしてコメントをください。

☑不安1

配偶者居住権の付着（登記された）した「土地及び建物所有権」がデフォルト時（担保権実行時）に売却できるか不安

コメント：売却が容易でないことが想定されます。

☑不安2

配偶者居住権の付着（登記された）した「土地及び建物所有権」が被担保債権額に充当不十分にならないか不安

コメント：ケースバイケースですが、被担保債権額への充当が不十分となるケースもあり得ます。

☑不安3

配偶者居住権の付着（登記された）した「土地及び建物所有権」が複雑（下記＊）な場合、評価し時価を把握し、融資できるか不安

＊例えば、子と同居、二世帯住宅、賃貸部分と複合利用、自社事業と複合利用、駐車場事業と複合利用、畑と複合利用、建物や土地が有効に利用できているとは言い難い場合、その他複雑な状況など

コメント：ケースバイケースですが、配偶者居住権の効力が及ぶ範囲を考慮しながら検討することとなります。

質問7

担保設定時から将来配偶者の利用方法が変化すると、長期的には担保価値に変動はあると思いますか？

コメント：回答いたしかねます。

質問8

配偶者の存命の間、その利用方法が劣悪でも、所有者が修繕しない場合、担保価値に変動があると思いますか？

コメント：回答いたしかねます。

質問9

将来、配偶者居住権の付着した土地及び建物に担保権を設定し、融資対象とすることに貴社では前向きですか？融資条件や金額に制限を設ける可能性はありますか？現在の未確定の状況で結構です。

コメント：回答いたしかねます。

質問10

配偶者居住権制度の課題は何だと思いますか？このことが確定すれば融資可能とか、何らかの評価に関する要望や提案はありますか？

コメント：意見となりますが、配偶者居住権は登記により第三者対抗要件を具備する

と考えられることや、配偶者存命の間利用できない等の制限が、担保としての適正性に影響を与えるものと考えています。今後の事案発生に伴う担保評価に備えるため、配偶者居住権の付着した土地・建物に関する不動産鑑定等における考え方をお示しいただけると助かります。

以上。

## 7.2　インタビュー内容のまとめ

インタビューは、以下の通りまとめられる。

「当金融機関は、法制化された配偶者居住権について、土地・建物の両者への担保権設定を検討するが、配偶者居住権の付着していない土地・建物とは異なる取り扱いとなる。そして、付着所有権の評価は、金額の相違(減価)が生じると思料され、売却が容易でないことから、(減額しないと)被担保債権額への充当が不十分となるケースが考えられる。具体的な評価については効力の範囲等ケースバイケースで検討する。第三者対抗要件を具備すると考えられること、及び配偶者存命の間利用できない等の制限があるため、担保としての適正性も慎重に検討し、ケースによっては担保不適格判断もありうる。」

## 8.　本研究のまとめと今後の課題

本稿のまとめとして、配偶者居住権制度が不動産担保融資に与える影響と、評価主体(不動産鑑定士等)に課せられる課題について述べていく。

### 8.1　不動産担保融資に与える影響 (分割損失 (2) の発生)

遺産分割により、「配偶者居住権」を設定すると、他の相続人である子らが「配偶者居住権の付着した所有権」を取得する。権利、そして価格としても、通常の「①完全所有権」は利用権としての「配偶者居住権②」と「付着所有権③」に「二分割」される。「完全所有権」より、「配偶者居住権」の分、目減りして価格が形成される。これが、「第一の減価」である。但し「配偶者居住権」は相続財産としての価値はあるが、単独での売却が不能なため換価価値はなく、当然に抵当権の目的とはならない。

さらに、現実の「遺産分割」によっては、「付着所有権」が分割損失(2)という形で減価される(第二の減価)可能性がある。主に以下の要因が考えられる。

(1) 付着所有権の完全所有権への復帰時期の変動可能性又は不確実性による価格下落

(2) 担保目的不動産の修繕等、資産保全(価値維持)に疑義が生ずることによる価格下落担保設定し、融資している契約期間は担保不動産の状況に注意する必要がある。逆に、正確な金融機関での理論的把握と評価理論構築なしには、付着所有権の価値の不確実性から波及して、もはや配偶者居住権の社会的普及は考えにくいものとなる。適正に減価しないと、融資評価市場と換価市場(不動産競売市場等)に齟齬が発生し、両市場が混乱する。結果、「配偶者居住権」は過度に避けられ、担保不適格となる危険性を持つ。この制度の社会への普及に影響する当研究の社会的意義は大きい。

## 8.1　遺産分割当事者に対する善管注意義務（「分割損失」の回避という今後の課題）

「分割損失(1)及び(2)」(第二の減価)が発生する遺産分割でも、法的には有効となる。加えて、当該付着所有権を担保として設定する抵当権設定も、法的に当然有効となる。従って、不動産の状況によって分割損失が発生する可能性がある場合に評価主体は、当該分割損失を依頼者に正確に伝達し、理解を求める善管注意義務を負っている。今後、評価主体に課される課題は、依頼者が分割損失を見失わないように、依頼者にその減価の責任が及ぶことを(確認書等で)厳格に確認することである。

## 8.2　評価額利用者（金融市場）に対する善管注意義務（「評価損失」の回避という今後の課題）

不動産の状況によっては、抵当権の目的となる付着所有権が、配偶者居住権の分以上に減価されるケースを検証してきた。しかし、金融機関が最も嫌うのは「分割損失(2)そのものの発生」というよりはむしろ、適正に減価せず評価し、融資実行する「担保価格把握の失敗」の危険性であり、その結果の「回収不足」と「換価(任意売買や競売)市場の混乱」である。我々評価担当は、適正な法律上の判断を行い、「分割損失」による減価が必要と判断されるときは、これも視野に入れて評価しなければ、広く市場からの信頼を失いかねない。これを「評価損失」と呼び、筆者は評価の信頼を失わぬようにとの警鐘を鳴らしている。

《参考文献》

[1]石田剛(2019)「配偶者居住権」『民法(相続関係)改正法の概要』,潮見佳男編著,一般社団法人金融財政事情研究会,pp.58-80.

[2]岩永隆之(2019)「配偶者居住権の法的性質」『新しい相続実務の徹底解説』,吉田修平・森川紀代編著青林書院,pp.3-116.

[3]川端敏朗(2018)「配偶者居住権の評価について」『相続法改正のポイントと実務への影響』,山川一陽・松嶋隆弘編著,日本加除出版,pp.2-53.

[4]斎藤哲郎(2020)『配偶者居住権の評価のあり方について』「配偶者居住権の趣旨を踏まえての考察」,土地総合研究(2020)年夏号,pp.129-159.

[5]関根稔(2020)「相続の話をしよう」『配偶者の居住の確保』,株式会社財経詳報社,pp.14-31.

[6]平良明久(2020)(2)「税経通信(特集)配偶者居住権に係る実務と税理士の役割」『配偶者居住権の概要と創設の背景』,税務経理協会,pp.18-26.

[7]高橋めぐみ・山川一陽(2019)「配偶者の保護」『法務と税務のプロのための改正相続法徹底ガイド』,松嶋隆弘編著,ぎょうせい,pp.28-35.

[8]田中嗣久・大島一悟(2019)「配偶者の居住の権利」『民法改正がわかった』,田中嗣久・大島一悟共著,法学書院,pp.378-391.

[9]野田優子(2020)「不動産鑑定士が知っておくべき税務(2回)」『鑑定の広場』公益社団法人日本不動産鑑定士協会連合会広報誌第211号,pp.36-39.

[10]村井みわ子(2019)「第3 配偶者居住権に関する運用」『東京家庭裁判所家事第五部における相続法改正を踏まえた新たな実務運用』,日本加除出版株式会社,pp.62-85.

[11]我妻榮・有泉亨外編著(2020)『民法3(親族法・相続法)』,勁草書房,pp.380-391.

[12]若山寿裕(2020)(2)「税経通信(特集)配偶者居住権に係る実務と税理士の役割」『配偶者居住権の評価実務と具体例－税制改正を踏まえて』.税務経理協会,pp.27-43.

（松永　力也, 山本　卓）

# 第3章 ESG不動産投資とその促進策

## 1. はじめに

　不動産は、人々の暮らし・生業や地域社会、地球環境と密接な関わりを持ち、我国の非金融法人の総資産の約4分の1(約624兆円)を占めることから、不動産におけるESG投資[①]が注目されつつある。不動産分野におけるESG投資を促進するためには、ESG評価を受けるためのコストに対してそのリターンが上回る必要がある。それは継続的な賃料プレミアム及び売却時の将来価格プレミアムだけでなく、売却までの時間短縮、光熱費等コストの抑制、さらには低金利による融資等、複合的な要因によるものと考えられる。

　本稿では、不動産の中でも賃貸住宅に焦点を当て、これら要因に関する先行研究を整理するとともに、不動産投資家及び賃借人に対する独自のアンケート調査を行い、それぞれが欲する本音を明らかにする。不動産投資家及び賃借人がESG不動産に求める利益を明らかにすることで、市場原理によるESG投資を新築及び改築の両面で実現する促進策を提案することが本稿の目的である。

## 2. ESG投資の意義及び動向

　株式をはじめとする企業への投資は、本来的には、主に資金活用の効率性及び利益率、財務の安定性といった数値的な実績データを判断材料に行うものであり、損益計算書、貸借対照表、キャッシュフロー計算書といった定量的な財務情報が重視される。それに対して、ESG投資では、当該数値ベースの財務情報に加え、数値では表せない定性的な非財務的要素も重視される。

　近年、少子高齢化の進展や自然災害の脅威への対応等の従来からの社会課題

---

[①] ESG投資とは、リスク管理を向上させ、持続可能で長期的なリターンを上げるために、投資の意思決定に環境(Environment)、社会(Society)、ガバナンス(Governance)の要素を組み込む投資手法をいう。それぞれの頭文字をとってESGと呼ばれている。

に加え、テレワークの進展等による多様な働き方・暮らし方等の新たな課題（展望）への対応が求められることで、投資家や金融機関においては、投資先や融資先に対して ESG への配慮を求める動きが拡大していると言われている。[1]

ESG 投資は、2006 年に国連によって提唱された責任投資原則（Principles for Responsible Investment：PRI）の設立によって始まったと言ってよい。[2]

PRI では、投資判断に環境・社会・ガバナンスの要素を組み込むことが、投資家の長期的な利益に資するとの考え方に基づいており、その後、2008 年のリーマンショックを経て、短期的な利益追求に対する反省が広がり、ESG 投資の考え方は主流化してきた。

なお、PRI への署名機関数の増加が加速している。2021 年 3 月末時点で 3,826 機関だった署名機関は、2022 年 3 月時点では 4,902 機関へと 28％増となっている（図表 1）。2022 年 3 月末以降はペースダウンしているが、9 月末までの半年間に 277 の機関が新たに PRI に署名しており、署名機関は 9 月末時点で 5,179 機関と 5,000 を超える水準にまで達している。

---

[2] PRI は次の 6 つの投資原則をいう。

1 ESG 問題を投資分析及び意思決定プロセスに組み込む。

2 私たちは活動的な（株式）所有者になり、（株式の）所有方針と（株式の）所有慣習に ESG 問題を組み入れる。

3 私たちは、投資対象の主体に対して ESG の課題について適切な開示を求める。

4 私たちは、資産運用業界において本原則の受け入れと実施を促進する。

5 私たちは、本原則の実施効率を高めるために協力する。

6 私たちは、各自の活動と本原則の実施に向けた進捗状況を報告する。

PRI のホームページでは、これら原則についての実施例を挙げ動画でも紹介している。 https://www.unpri.org/about-us/what-are-the-principles-for-responsible-investment

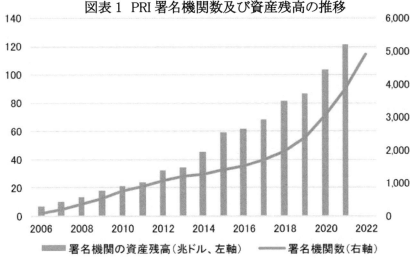

図表 1　PRI 署名機関数及び資産残高の推移

■ 署名機関の資産残高（兆ドル、左軸）　　── 署名機関数（右軸）

（出所）PRI ホームページ https://www.unpri.org/

3

ＥＳＧ不動産投資とその促進策

　我が国においては、年金積立金管理運用独立行政法人（GPIF）が 2015 年に PRI に署名したことにより、ESG 投資は急速に広まり始めた。GPIF は、まずは株式を中心とした投資について、自身が資金を預ける運用機関に対して、PRI に署名して ESG を考慮することを求めた。

　また、2017 年には、ESG 評価・格付に優れた企業のみに投資する ESG インデックス投資を開始し、一部のインデックスでは J–REIT を含む不動産会社も対象となったことが、後に解説する不動産各社の ESG の取組みを後押しした。

　さらに、2020 年 3 月には、GPIF は GRESB（旧称: グローバル不動産サステナビリティベンチマーク）に加盟し、不動産運用機関に対しても ESG 投資の推進を強く求めるに至っている。[2]

　日本サステナブル投資フォーラム（JSIF）による 2022 年の我国のサステナブル投資残高アンケート調査の結果は、493 兆 5,977 億 2,900 万円と、2021 年と比較して 20 兆 4,550 億円、4%の減少となった。運用資産クラス別では、過去 2 年に続き、株式以外の資産の伸びが大きかった。不動産に関しては前年比 4.4%増の 12 兆 5,308 億 4,000 万円であった（図表 2）。

図表2　資産クラスごとのサステナブル投資残高　　　　（単位：百万円）

| | 2020年 | 2021年 | 2022年 |
|---|---|---|---|
| 日本株 | 97,844,264 | 133,542,411 | 119,887,326 |
| 外国株 | 50,166,491 | 78,931,336 | 75,557,430 |
| 国内債券 | 180,123,263 | 135,985,817 | 7 297,189,492 |
| 外国債券 | | 166,982,310 | |
| PE | 1,129,313 | 4,123,135 | 5,211,348 |
| 不動産 | 8,162,100 | 11,998,553 | 12,530,840 |
| ローン | 10,421,862 | 14,465,072 | 14,747,584 |
| その他 | 10,401,896 | 12,046,656 | 16,032,173 |

（出所）日本サステナブル投資フォーラム　https://japansif.com/wp2022free-1.pdf

## 3.　ESG 不動産の主な評価・認証制度

　不動産セクターにおけるサステナブルファイナンスでは、発行及び投資プロセスの随所で評価・認証制度が活用されている。以下、認証制度について概観する。

　ESG 不動産投資を推奨する上でその基準を明らかにすることは重要である。

　各企業・個人がそれぞれの基準で行っていたのでは、カーボンニュートラルに向けた目標を達成することはできない。しかし、世界基準となるものは存在しておらず、各国がそれぞれ推奨する認証機関が独自の基準で ESG 要素を含む基準を定めているに過ぎない。

　国内外の主要な第三者認証制度については、2019 年 5 月に公益社団法人日本不動産鑑定士協会連合会「ESG 投資研究小委員会」にて詳細な調査が行われている。[3]そして、国土交通省はこの小委員会による調査内容等を基に、国内外の主要な第三者認証制度として公表している。それによると、総合的な環境性能を判断材料とする認証機関として、CASBEE－建築（新築、既存、改修）（日本）、DBJ GreenBuilding 認証（日本）LEED（米国及び世界）、BOMA360（米国）、BREEAM（英国）、省エネルギー性能を判断材料とする認証機関として、BELS（日本）、健康

性・快適性を判断材料とする認証機関として、WELL Building Standard（米国）、CASBEE-ウェルネスオフィス暫定版（日本）が挙げられている。

本稿においては、それぞれの要件等については解説を控えたい。その効果を中心に論ずる。

## 4. ESG 不動産の評価・認証が賃料等の経済性に与える影響に関しての先行研究

### 4.1 評価・認証を受けた ESG 不動産の経済効果を分析する意義

本稿では、ESG に配慮していると評価・認証を受けた不動産の価値が上がり、そのコストに見合ったリターンがあれば、投資家も購入者・賃借人等の利用者もそれを望み、我国の不動産市場は自ずと脱炭素・持続可能な社会に向かって行くのではないかという仮説を立てる。

そのためには、コストとリターンをある程度予測できる状態にしておく必要があろう。そこで、前記の評価・認証を受けた不動産のリターンを分析するため、先行研究をまとめ分析する。まとめ方としては、不動産鑑定評価基準を 1 つの指標とするが、現行の不動産鑑定評価基準では、建物の価格形成要因に「省エネルギーの対策の状況」があるが、環境（E）ファクターのうちの一部を取り上げているに過ぎないので、ESG 事象が不動産鑑定評価に影響を与える可能性、特に、ESG の対象が建物及びその敷地の場合、原価法と収益還元法を適用するため、それぞれの手法の中で用いられるファクターを整理する。

第一に、ESG 不動産は一般的にはコストがかかることから、再調達原価が通常より高くなる場合があり、原価法を用いた場合の積算価格は上がると考えられる。ちなみに、CASBEE の B＋から S に上げるのに 10％程度コストアップするとの調査結果がある。また、減価修正においては、機能的原価、経済的原価が通常の不動産よりもその程度が少なくなると考えられる。

第二に、ESG 不動産は一般に投資の対象になることが多いので、その価格決定には投資対象となる不動産の収益性に着目した収益還元法が特に重視される。ESG 不動産であるために賃料が高く収受できた場合と、たとえば LED 照明や高断熱性、太陽光発電等により光熱費を中心としたコスト削減が実現し、費用が減少した場合、

いずれも純収益が増加することで収益価格が上がる。

　第三に、ESG 不動産であるがため還元利回りを低く設定する可能性も考慮すべきである。還元利回りはリスクフリーレートに不動産の種々のリスクプレミアムを上乗せしたものであり、この不動産のリスクには、将来の環境関連規制の厳格化リスクも含まれている。昨今における脱炭素社会実現に向けての制度改正とその方向性は、理論的には還元利回りを低く設定することが考えられる。また、グリーンボンドの発行の増加、低金利等での優遇的融資という経済条件に優位性がある場合も、還元利回りを低く設定できるのではないか。

　第四に、ESG 不動産であることで、そうでない不動産と比較して、売却・賃貸までの時間を短縮できるという効果があるのではないか。いわゆる市場滞留期間の短縮効果といえよう。

　上記の視点から、売却価格、賃料、還元利回り、光熱費等費用、市場滞留期間に分けて評価・認証を受けた ESG 不動産の経済的な効果を分析する。

## 4.2　先行研究の紹介と分析

### 図表 3　不動産の環境性能が賃料等の経済性に与える影響に関しての先行研究

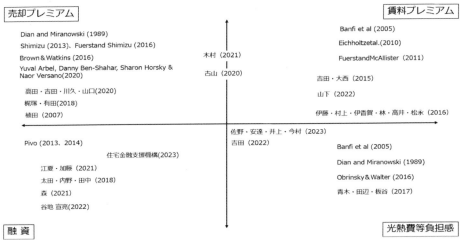

注）　当該図は筆者作成による。

## (1)　売却価格プレミアム

　米国における研究で、古くは、Dian and Miranowski (1989)が、住宅市場において、

エネルギー効率を高めることで住宅価格が上がることを示している。[4]また、一戸建て住宅（Single-family Residential）について、Brown＆Watkins（2016）は、LEED のGreenPremium と ENERGY STAR 認定の一戸建住宅は平均 4.3%高めの代金となっているが、環境に優しいと認定された住宅は、たとえ高価であっても、その不動産購入の決定に対する購入者の満足度が高まるとする。また、住宅ローンの月あたりの追加支払額が 74 ドル増加する一方、光熱費の節約による減少は月あたり約 27 ドルにとどまっているにもかかわらず、購入者は環境に優しい住宅の方が望ましいと考えており、そのような住宅に喜んで高い代金を支払う傾向があるとの調査結果もある。[5]

　上記研究は、米国において、環境にやさしい不動産を所有することによる満足度が、余分にかかる費用を上回る可能性を示している。

　日本の調査研究としては、植田（2007）が、CASBEE 認証の集合住宅の消費者の費用負担感を調査している。すなわち、消費者は集合住宅の取得に際し、約 10%の費用負担を受容しても高い環境性能や環境負荷低減性を重視する評価項目は、CASBEE の評価領域における「Q−2 サービス性能」と「LR−1 建築物の環境負荷低減性」に多く、費用負担意識が相対的に低い評価項目は「LR−3 敷地外環境」に多いとの報告をしている。[6]また、Shimizu（2013）・Fuerstand Shimizu（2016）は、「東京都マンション環境性能表示制度」に注目し、新築分譲価格に対して経済プレミアムが存在するのかを、計量モデルを用いて検証した。環境認証を持つマンションを購入している家計の特性を見たときに、高い学歴・所得層の購入者ほど高い経済プレミアムを支払っていることを発見している。[7]

　さらに、梶塚・有田（2018）は不動産価格構造分析を行い、環境性能の市場価値と消費者重要度との関連性について、おおむね正の比例関係にあることを報告している。1979 年公布された「省エネ法」や 1995 年公布の「建築物耐震改修の促進に関する法律」など、社会的重要性の高まりを受けて、長年政策的に支援されてきた環境性能でもあり、その結果として、建築主が自主的にこれらの環境性能について意識するようになり、現在の市場価値形成に結びついている可能性も考えられるとしている。[8]

3
ESG不動産投資とその促進策

## (2) 賃料プレミアム

　米国における研究として、Banfi et al (2005) は、省エネ手段を講じた賃貸住宅で
あれば最大で 13%高い賃料を設定してもテナント契約する可能性があると研究報告
している。また、[9] Eichholtzetal.(2010)は、LEED 認証で 5.8%、EnergyStar 認証で
2.1%の賃料プレミアムが生じていると報告している。[10]さらに、FuerstandMcAllister
(2011)の調査では、LEED 認証ビルについて賃料プレミアムが 5%程度、取引価格
のプレミアムは約 30%あると推計している。[11]

　Institute for Building Efficiency, Assessing the value Green Buildings(2012)にお
いて、米国における Energy Star・LEED 認証評価を受けた物件の経済効果に関す
る分析をまとめている(図表 4 参照)。

**図表 4　米国における Energy Star・LEED 認証評価を受けた物件の経済効果に関
する分析**

| 概要 | 通常の物件との差 |
|---|---|
| 賃料 | 2〜17%　上昇 |
| 再販売価格 | 5.8%〜35%　上昇 |
| 稼働率 | 0.9〜18%　上昇 |
| 営業経費 | 30%　減少 |
| 純営業利益率 | 5.9%　増加 |
| 還元利回 | 0.50〜0.55%　減少 |
| 生産性 ③ | 4.88%　向上 |

(出典)Institute for Building Efficiency, Assessing the value Green Buildings(2012)

---

③ 生産性(Productivity gains):LEED 認証を受けた建物の場合、37 ドルから 55 ド
ルの向上がみられた。平方フィートあたり、主に換気、照明、一般環境の改善による、
病気の時間の減少と労働者の生産性の向上が報告されている 。(出所)Institute
for Building Efficiency, Assessing the value Green Buildings, 2012
https://www.corporatesustainabilitystrategies.com/wp-
content/uploads/2016/01/Assessing-the-Value-of-Green-Buildings.pdf

を基に筆者が作成

　日本における本格的な調査としては、ザイマックス不動産総合研究所が 2013 年 1 月〜2014 年 12 月の賃料サンプルが得られるビルについて分析している。それによれば、「立地、規模、築年などの影響を取り除いても、環境認証を、CASBEE・CASBEE 不動産・DBJ Green Building 認証のうち 1 つでも取得しているビルは取得していないビルに比べ、約 4.4％賃料が高いこと（95％信頼区間は＋2.1％〜＋6.6％）が確認された」と報告している。[12]

　また、2014 年度スマートウェルネスオフィス研究委員会の CASBEE と賃料の相関分析によると、「CASBEE ビル（CASBEE の認証取得あるいは地方自治体への届出を行っているビル）は非 CASBEE ビルに比べて賃料が坪当たり約 564 円（賃料比3.64％）高い」「CASBEE ランク 1 ランクあたり、賃料が坪当たり約 264 円（賃料比1.7％）高い」「CASBEE スコア 1 点あたり、賃料が坪当たり約 79 円（賃料比約 0.46％）高い」との結果が報告されている。

　さらに、日本不動産研究所が、J-REIT 保有物件のオフィスを対象に、DBJ Green Building 認証と賃料の相関関係を調べた結果によれば、2015 年は相関がみられなかったが、同様の分析を継続的に行い、2016 年は 11.4％（10％有意水準）、2017 年は 11.9％（5％有意水準）、2018 年は 12.2％（1％有意水準）、2019 年は 6.9％（1％有意水準）とそれぞれ高いとする結果が報告されている。同調査における最新の結果である 2020 年については、当該認証保有物件はそうでない物件に比べて 5.9％賃料が高い（4つ星〜5つ星群について）と報告されている。

　SDGs-スマートウェルネスオフィス研究委員会・ウェルネスオフィスの便益検討部会によれば、CASBEE ウェルネスオフィスと賃料（2020 年）の関係として、「CASBEE−WO スコア 1 点が 234 円/坪に相当する」との知見が得られたと報告されている。

　伊藤・村上・伊香賀・林・高井・松永（2016）は、CASBEE のラベリング有無やスコアの高さおよび知的生産性への貢献度が、オフィス賃料に与える影響を定量化している。[13]また、山下（2022）は、不動産の賃借人がエネルギー効率等の環境への配慮だけでなく経済的な持続可能性やウェルビーイングなど持続可能性や ESG の要素に配慮し、積極的な価値を認める場合には、それらの要素は賃料を決める要素の

一つになり、賃借人である事業者や消費者の行動の変化が市場を構造的に変える可能性があるため、評価人は現時点で行っている事象(現在の賃料)だけでなく、長期的な賃料の増加の可能性を考慮することが重要であると述べている。[14]

## (3) 還元利回り (キャップレート)

賃貸を想定する ESG 不動産の効果は収益還元法における DCF 法が最も有用であるといえる。ESG 不動産が還元利回りに及ぼす影響について先行研究をまとめる。

日本不動産研究所が行った J-REIT 保有物件を対象とした DBJ Green Building 認証とキャップレート(還元利回り)の相関分析によれば、DBJ Green Building 認証を取得しているオフィスのキャップレート(決算時公表データ)は認証のないオフィスと比べて、2019 年は 7.5bp 低く、2020 年は 11.5bp 低いという結果が報告されている。また、CASBEE 不動産認証を受けた不動産の効果は、キャップレートに負の影響を与えて、当該認証取得物件がキャップレートを低下し、同じく物件価格としては上昇しているという結果が報告されている。[15]

以上から、不動産売買取引マーケットにおいて、ESG に配慮された不動産をそうでない不動産と比較して、優位性が認められる場合には、鑑定評価においても還元利回りの低下要因となり得るといえよう。また、グリーンボンド等、資金調達環境等においてメリットが生ずる場合、徐々にマーケットのキャップレートに当該資金調達による優位性の影響が出てくる可能性もあろう。

## (4) 光熱費等の低減効果

前掲 Banfi et al(2005) は、省エネ手段を講じた建物に対し賃借人は最大で 13%高い賃料を支払ってもよいとする調査結果を公表している。これは光熱費等の負担軽減による効果といえる。また、Dian and Miranowski(1989) は、住宅市場において、エネルギー効率を高めることで住宅価格が増加するとする調査結果を示している。[16]さらに、Obrinsky&Walter(2016)は、持続可能な要因によりエネルギーを節約できる集合住宅の場合、オーナーが光熱費を個別に請求し、節約が容易に認識できる場合、賃借人は喜んで高い家賃を支払うとする調査結果を公表している。[17]

我国においては、青木・田辺・板谷(2017)が、CASBEE 認証物件の賃貸収入と水道光熱費に与える影響を検証している。[18]また、吉田(2022)は、CASBEE 認証の新築マンション価格は環境性能が 1 ランク高いと約 4.7%高いこと、評価項目の一つ

である「みどり・ヒートアイランド対策」が 1 ランク高いと約 1.8%高いこと(大阪市内)、CASBEE スコア「BEE 値」が 1 ポイント高い新築マンション価格は約 8.2%高いこと(横浜市内)を発見した。エネルギー性能の高いマンションは、水道光熱費の削減等が期待でき、購入者にとってもメリットを理解し易いため、価格にプラスの影響を及ぼしているといえる。[19]さらに、佐野・安達・井上・今村(2023)は、アンケート調査により、環境配慮型の不動産の還元利回りは 0.1%下がり、バリューは 5%上がったのに対して、環境に配慮していない物件はバリューが下がるという結果となった。また、J-REIT 物件の経費率・光熱費割合のデータによると、不動産の価値は、商業施設の場合は光熱費割合が高く1割程度バリューが上がり、オフィスでも光熱費を下げると 5%程度上がる。[20]

## (5) 市場滞留期間の短縮

ESG 不動産の経済的効果として、市場滞留期間 ④ の短縮もある。

Yuval Arbel, Danny Ben-Shahar, Sharon Horsky & Naor Versano(2020)は、イスラエルのネタニアの 1 つの地区に位置する 6 棟の新しく開発された高層マンション(そのうち 3 棟はグリーン認証のマンション、3 棟は従来型の建築)において、各住戸の売却までの時間(TTS)は従来型の構造と比較して大幅に短いことを発見した。いわゆる市場の滞留期間の短縮効果である。開発者の資金調達コストを考慮すると、その短い TTS は 1%〜5%の間接価格プレミアムに相当するとの興味深い研究結果といえよう。[21]

なお、RICS(英国王立チャータード・サーベイヤーズ協会: Royal Institution of Chartered Surveyors) ⑤ の発行する評価基準には、「売買に要する期間として、持続可能性や ESG の特性が、不動産の賃貸や売却にかかる時間の長さを決定する要

④市場滞留期間とは、明確な定義はないが、一般的に売買の対象となるものが市場に公開されて、売買契約が成立するまでの期間をいう。
⑤英国王立チャータード・サーベイヤーズ協会(Royal Institute of Chartered Surveyors,RICS)は、評価人の団体として 1792 年に発足した Surveyors Club をその源流とする。1868 年に The Institute of Surveyors に改組された後、1881 年には勅許( Royal Charter)を得て現在に至る。

因となる可能性がどの程度あるかを検討する必要がある」旨が定められている。[22]

## 5. ESG 不動産を促す制度

前述した評価・認証を受けた ESG 不動産が市場の原理だけで普及するのが経済社会において最も健全といえよう。しかし、実際は、脱炭素社会・将来の気候変動回避という目前の利益ではないことから、自ずとその結果が導かれるとは思えない。そこで、公的な機関による促進策が必要となる。想定し得る促進策としては、(1)優遇的な融資制度 ⑥、(2)国及び地方公共団体による補助金制度、(3)税制等がある。本稿では主に(1)の優遇的な融資制度について論究する。

### 5.1 ESG 不動産投資と優遇的な融資制度の関係

優遇的な融資制度、特に E(環境)に配慮した金融(環境金融)について、環境省中央環境審議会「環境と金融に関する専門委員会」の報告書では、金融市場を通じて環境への配慮に適切な誘因を与えることで、企業や個人の行動を環境配慮型に変えていくメカニズムであると定義されている。同報告書は、その具体的役割の 1 つを、「企業行動に環境への配慮を組み込もうとする経済主体を評価・支援することで、そのような取組みを促す投融資」と位置付けている。我国においては、その典型的な取組みの 1 つが、融資先企業の活動を環境面から評価し、その評価結果によって金利を段階的に変更する融資、いわゆる環境格付融資として具体化し、発展してきた。

### 5.2 優遇的な融資制度の先行研究

米国においては、連邦住宅抵当公庫(Fannie Mae)が、グリーン認証の集合住宅物件を担保としたローンを低金利で提供する特別低金利プログラムを提供している。その結果、Fannie Mae の環境ビジネスは近年劇的に増加し、投資家を魅了し、2016年には35億ドルを超える新たな集合住宅向けグリーンファイナンスを提供している。⑦

---

⑥ 本稿では、ESG やSDGsに配慮する不動産及び関連事業に対して、優遇して融資を実行したり、低金利での融資を行ったり、その他通常の融資に比べて債務者に有利な条件での融資全般を指すものとする。

⑦ 連邦住宅抵当公庫 Fannie Mae は、引受業務、資産管理、証券化プロセスに

　Pivo（2013、2014）は、37,000件を超えるFannie Maeの融資を利用し、SDGsに配慮した建物を購入した者は、デフォルトのリスクが軽減されることを発見している。より高い融資対価値比率（loan-to-value）や、より低い金利など、より良い融資条件を積極的に提供すべきだとしている。[23]

　我国において、江夏・加藤（2021）は、国土交通省不動産・建設経済局が、J-REIT及び私募REITの運用会社98社を対象に2020年12月～2021年1月に行い2021年3月に公表した、日本の不動産投資家を対象としたアンケート調査結果[24]について、ESG要素を配慮した不動産と通常の不動産のキャップレートの最大差との質問に関する平均値は0.075%であったこと、投資家や金融機関のESG重視の意向がESG活動に影響しているとの回答が全体で約9割であったこと等を挙げ、「総じて、調査結果では投資家や金融機関の意向もあり、多くの回答者がESG項目を重視し、体制を整備する等、対応を進めていることが明らかになった」と主張する。[25]

　また、清水（2021）は、環境配慮型で認証を受けた物件等の流動性が増加するならばリスク量の低下を通じて割引率が低下し、たとえ賃料プレミアムがなくとも不動産価値やリターンが上昇すると仮定した上で、日本政策投資銀行やその他の民間金融機関が、環境性能が高いビルに対して積極的に融資をしていこうとする動きがあるが、それが流動性を高め、不動産価格またはリターンにまで反映される効果は不明であるとしている。[26]なお、この点に関し、国土交通省・報告書（2021）では、グリーンボンド等 [8]、資金調達環境等においてメリットが生ずる場合、徐々にマーケット

---

SDGsへの配慮を統合することで、集合住宅市場にさらにサービスを提供する。具体的には、集合住宅の所有者にエネルギーと節水の改善への投資を奨励し、不動産の純利益を増加させる金銭的インセンティブを提供する。その結果、不動産の光熱費が削減され、テナントの住宅の品質と価格が向上し、不動産の環境持続可能性が高まるとする。https://multifamily.fanniemae.com/financing-options/specialty-financing/green-financing/green-financing-loans

[8]　本稿では詳細しないが、ESGに関連した資本市場での負債性資金調達の手法としてのグリーンボンド、ソーシャルボンド及びサスティナビリティボンド等が世界的な広がりを見せている。なお、グリーンボンドとは、一般に、環境改善効果のある事業（グリーンプロジェクト）に充当する資金を調達するために発行する債券をいう。日本法人によるグリーンボンドの発行は、日本政策投資銀行が2014年に実施したユーロ建て債券の起債が第1号であった。近年は発行が相次いでおり、発行サイド及び

のキャップレートに当該資金調達による優位性の影響が出てくる可能性もある点に注意を要するとしている。[27]

　主に環境に配慮した ESG 不動産に対する優遇的な融資が、投資家含めた関係者及び社会全体にどのような影響を及ぼすのかについての我国の研究報告は少ない。さらに賃貸住宅を対象とする不動産投資ということになると尚更である。本稿における研究目的は賃貸住宅の ESG 投資であるが、不動産に限定せずに、企業における ESG 投資に対する優遇的な融資の効果に範囲を広げると、幾つか先行研究をみつけることができる。そこで、当該先行研究も、不動産分野の ESG の推進という観点で有用であるので分析したい。

　まず、太田・内野・田中(2018)は、金融機関が ESG 融資に取り組む意義について、融資を通じて取引先企業の ESG 課題への取組みを促し、取引先企業の持続可能性、ひいては金融機関自らの持続可能性を高めることにあるとする。その取組みは、企業にとって、リスクヘッジと事業機会の発見という 2 つの側面を持ち、企業価値の維持・向上につながり、金融機関自らの債権の回収可能性を高めることにつながること、取引先企業についても新たな事業機会を見つければ資金ニーズも生じ融資残高の増加につながる可能性もあることという金融機関側の利点も主張している。[28]

　この見解はとても興味深い。「企業」を「賃貸住宅を所有し得る投資家」に置き換えて考えれば、そのまま妥当するのではないか。

　次に、森(2021)は、中小企業における SDGs や ESG 金融の普及について、わが国の中小企業は足元の危機感が大きいことは想像に難くなく、2030 年に向けた長期的な目標である SDGs への対応について急速に認識が広がることはあまり期待できないため、地域金融機関が SDGs の認知度を中小企業においてさらに上げていくことが喫緊の課題となるとしている。そして環境社会開発関連などで中小企業が持つ技術をそれらの開発投資に生かせないか(それは人口減少・高齢化で苦しむ地域企業にとっても新しい商品、販路開拓にもつながる可能性がある)、地域金融機

――――――――――――――――――

投資サイドの両側面から、金融商品の一つとして定着している。発行体としては、金融以外にも、エネルギー、建設・不動産、交通・運輸、製造業など、グリーンプロジェクトに親和性の高いセクターの法人が占めている。

関はさらに先導的な調査、提案、資金需要の掘り起こし、が必要なように考えるとする。[29]

これは既に不動産分野においても研究開発・事業推進等に対するグリーンローンやサステナビリティ・リンク・ローン等、ESG・SDGs 等を配慮した融資が各金融機関においてなされている。[9]

最後に、谷地(2022)は、持続可能な社会を目指し ESG 投資を行う企業に対して、地域銀行が事業性評価に基づく融資や事業性評価に基づく本業支援を実施することで、借り手企業が ESG 課題に取り組むきっかけとなる場合もあるとしている。また、それらの取組みによって企業価値の維持・向上ができれば、企業の競争力が向上し、地域社会の持続可能性が高まると同時に、融資した地域銀行の健全性や存続の可能性も高まり、さらに、それが地域銀行の投資家に新たな投資機会を生むというメリットを強調する。[30]

## 6. 我国における融資制度の現状

### 6.1 政府の動向

不動産に限定しない ESG 投資に対する金融機関の動向としては、2018 年に環境省が国内の金融関係者、ESG や環境についての専門家を集めての懇談会を開催し、間接金融においても地域金融機関は自治体と協同して ESG 金融(融資)を実現、普及させる必要があるとの意見を表明している。その翌年には、同省における ESG 地域金融の先行事例調査に関する検討会「事例から学ぶ ESG 地域金融のあり方」を発表し、ESG 地域金融については、①融資先のリスク削減、②新たなビジネス・チャンス、③融資先の企業価値の向上、④サプライチェーンの強化・地域企業の(ESG の側面においても)競争力向上が地域社会の持続可能性を高める、といったメリットを指摘している。

---

[9] 賃貸住宅の個人投資家に対する融資に積極的なオリックス銀行は、リニューアブル・ジャパン株式会社が新潟県阿賀野市において設備容量 45,000kW(45MW)の太陽光発電所の建設・運営を行うために、特別目的会社(SPC)へ拠出する出資金を使途とする総額 31 億円のバックファイナンスをアレンジし、実行している(グリーンローン)。https://www.orixbank.co.jp/contents/news/assets/pdf/20210819.pdf

右側余白縦書き：3 ESG不動産投資とその促進策

　また、その普及のためには中小企業に ESG 経営の重要性を説くほか自治体との提携など、地域金融機関が中心となって推進していくべきだとしている。

　さらに、2020 年には金融庁が「金融行政と SDGs」を公表し、「地域金融機関による事業性評価に基づく融資や本業支援の取組みを引き続き促進する」としている。

　同年、環境省は「ESG 地域金融実践ガイド」を作成し、2023 年には改訂版「ガイド 2.2」が公表されている。[31]作成の目的は、「地域金融機関が、地域課題の掘り起しや重点分野の対応、そして事業性評価に基づく融資・本業支援等の金融行動において ESG 要素を考慮し、組織全体として ESG 地域金融に取り組むため」であるとしている。⑩

## 6.2　各金融機関の動向

　政府の動きに呼応して各金融機関も SDGs や ESG に配慮した融資制度を創設している。以下、不動産投資について特徴的な融資制度を設ける金融機関について紹介する。

## (1)みずほ銀行

　みずほ銀行は 2023 年 3 月 8 日、中央日本土地建物グループの投資法人、中央日土地プライベートリート投資法人に対して、社会的なインパクトの創出に資する取組みに融資する「インパクトファイナンス」を提供すると発表している。みずほ銀行がアレンジャーとなり計 5 行で資金の貸付けを行う。融資先の投資法人では不動産投資運用を通じた環境負荷の低減やサステナブルな社会の実現を目指している。み

---

⑩　同ガイドは、まず「ESG 地域金融の概要と目的（経営陣向けサマリー）」として 2030 年に向けたビジョンの提示とそのコミットメントを経営陣に求めている。次いで「ESG 地域金融の実践的概要（実務者向けサマリー）」として実践する立場の組織（経営企画等）を想定し、①地域資源の価値の理解、②バリューチェーンと対象産業、③事業活動が地域の環境・社会・経済に与える変化（インパクト）の創出、④環境変化の把握、を解説する。さらに「アプローチ別の実践内容」を示し、「地域資源を活用した課題解決策の検討・支援」、「主要産業の持続可能性向上に関する検討・支援」、「企業価値向上に向けた支援」に整理して、個別具体例を用いながら、ステークホルダーや自治体との提携、リスク評価、財務的影響、環境・社会へのインパクト、そして、地域金融機関としての組織体制の構築、行員への理念の徹底と情報共有、目的意識の統一の必要性と、多面的にかつ融資の PDCA に基づいてのポイントを立体的に、またかなり銀行経営にまで踏み込んでの解説を行っている。

ずほ銀行は独自の評価枠組みを用いて融資先の取組みが脱炭素や人権など持続可能な開発目標の観点で社会にポジティブな影響を生み出すものかを評価し融資する。[32]

## (2)オリックス銀行

　オリックス銀行は、事業を通じて社会課題の解決を図り、持続可能な社会の実現に貢献することで、新たな価値を創出する企業として持続的な成長を目指すとして、ESG 不動産投資に対する融資に積極的である。⑪

## (3)住宅金融支援機構

　住宅金融支援機構は、賃貸オーナー向けの融資として、「子育て世帯向け省エネ賃貸住宅建設融資」や「賃貸住宅リフォーム融資（省エネ住宅）」等の金融商品を設けている。2023 年 7 月以後の申込受付分より、ZEH 等 ⑫を対象とした金利引下げ制度の適用が拡充されている。⑬

―――――――――――――――――

⑪　オリックス銀行は、そのホームページで「サステナブル投融資ポリシー」を公表している。その中で、「2. 基本姿勢　当社は、ESG（環境・社会・企業統治）や SDGs（持続可能な開発目標）等を考慮し、これらの社会・環境課題への取組みを踏まえて、投融資等を行います。
当社は、投融資取引の判断において、社会や環境に新たなプラスの影響（ポジティブ・インパクト）をもたらす取引を支援するとともに、社会・環境に対し負の影響（ネガティブ・インパクト）を及ぼす可能性のある取引を排し、また取引先の対応状況の確認、リスクの低減・回避に努めることを基本とし、以下の持続可能性（サステナビリティ）から見たポジティブ、ネガティブの両面を適切に評価したうえで投融資における意思決定を行います。」として、一定の要件の下、投資家に対して優遇金利での貸し出しを行っている。
https://www.orixbank.co.jp/aboutus/sustainability/investment-loan/
⑫　ZEH（ネット・ゼロ・エネルギー・ハウス）とは、外皮の断熱性能等を大幅に向上させるとともに、高効率な設備システムの導入により、室内環境の質を維持しつつ大幅な省エネルギーを実現した上で、再生可能エネルギーを導入することにより、年間の一次エネルギー消費量の収支がゼロとすることを目指した住宅をいう。2017 年 4月 1 日から、ZEH（もしくは Nearly ZEH）の基準を満たしている場合、BELS のプレートやシールなどに ZEH マークを表示することが可能となっている。
⑬　子育て世帯に必要な広さや高い省エネルギー性能を有し、入居者の健康面に配慮した賃貸住宅の供給を促進することを目的とする「子育て世帯向け省エネ賃貸住宅建設融資」では、長期優良住宅又は ZEH 要件を満たす住宅である場合に、当初

## 7.　本研究の究明課題

　ここまで ESG 特に E(環境)に配慮した不動産の経済的効果についての先行研究をまとめた。国や地域により制度も気候も当然異なるので一概には比較できないが、売却価格プレミアム、賃料プレミアム、還元利回り、光熱費等の低減の効果は一定程度存在するものといえよう。これらリターンが不動産の ZEH 化等に掛かるコストを明らかに上回るのであれば、その認知度を上げることで普及するものと思われるが、そうでなければコストを抑えるための効果的な促進策が必要となる。先行研究では、賃貸住宅を所有する投資家の財産状態や意識調査、さらには賃借人の ESG 不動産に対する理解と意識調査を踏まえた詳細な分析が行われていないものと思われる。

　そこで、次節では、上記を明らかにするため、次の 2 点を究明課題とする。

　**究明課題 1**：不動産投資家は、優遇的な融資制度があれば積極的に、ESG 不動産(賃貸住宅)に投資するのか。

　**究明課題 2**：賃貸住宅の入居者(賃借人)は賃料が高くなった場合でも ESG 化した物件を賃借するのか。

　さらに、上記 2 点について所有資産や収入の多寡により変化があるのかも併せて検討したい。

## 8.　アンケート調査

### 8.1　調査方法

　本節では、ESG 不動産、特に E(環境)に配慮した投資用不動産に対する投資家目線の意識と賃借人目線の意識調査を行い、認証制度や優遇金利が投資を促す動機となり得るのか否かを明らかにすることを目的としてアンケート調査を行っている。調査方法は、アンケート調査を専門に行うアイブリッジ株式会社の開発するFREEASY というアンケートツールを利用し、国内 1,300 万人を超えるアンケートモニターを対象にインターネットで調査を実施した。調査期間は 2023 年 7 月 6 日から

---

15 年間の金利が 0.2%引き下げられる制度となっている。
https://www.jhf.go.jp/loan/yushi/info/syoenechintai/index.html

2023 年 7 月 10 日までの 5 日間で、それぞれの質問項目毎に人数の上限を定め、上限になった段階でインターネット上での公開質問を終了する方法を採った。後掲**表 1 後段部分**にその基本的属性を示した。

表 1 はアンケート調査の概要となっている。

同表における「A.環境配慮型の投資物件の経済効果に対する不動産投資家の意識調査」及び「D.環境配慮型の投資物件を促進する政策に対する不動産投資家の意識調査」は、不動産投資を含む一般の投資家 1,000 人を対象にアンケート調査を行った。

「B.環境配慮型物件に対する賃借人の意識調査」は現在賃貸物件に入居する 900 人を対象にアンケート調査を行った。

「C.環境配慮型物件に実際に入居する賃借人の意識調査」は現在環境配慮型の賃貸物件に入居する 120 人を対象にアンケート調査を行った。

## 8.2　アンケート回答の単純集計

表 2 は ESG 不動産、特に E（環境）に配慮した投資用不動産に対する投資家側と賃借人側の意識調査について単純集計をまとめたものである。

まず、「A.環境配慮型の投資物件の経済効果に対する不動産投資家の意識調査」問 1 では投資家が投資物件を購入・賃貸等する場合に環境性能を考慮する度合いについて質問した。「大いにある」「ある」と回答した人が 28%、「ない」「全くない」が 29.7%、「どちらともいえない」が 42.3%であった。また、問 2 では環境配慮型の投資物件の改築・購入について最も重視する要因について質問した。「将来売却するときの価格」（36.8%）が最も高く、次いで入居率（18.3%）、賃料（17.3%）、社会的信用（10.2%）、補助金（9.4%）、光熱費（8%）であった。問 3 では環境配慮型の物件の例として ZEH 等の物件の所有の有無を質問した。23.1%が所有すると回答している。問 4 では環境配慮型の投資物件について他の物件に比べて賃料を高くしているかという質問をした。4%から 6%高く設定していると回答した割合が最も多く 42%、次いで 1%から 3%高く設定しているが 34.2%であり、全体の 76.2%を占めている。

第二に、「B.環境配慮型物件に対する賃借人の意識調査」問 5 では環境配慮型の物件に対する関心度について質問した。「既に入居している」（3.1%）、「大いに関心がある」（11.1%）、「関心がある」（35.1%）と回答した合計の割合が 49.3%、関心

がない (50.7％) とする割合とほぼ同じとなった。問6では環境配慮型の物件を借りることを想定した場合の重視する要因を質問した。「賃料」と回答した割合が最も高く 73.9％、次いで「光熱費」(17.1％)、「二酸化炭素排出削減への社会的貢献」 (3.6％)、「最新の建築技術の利用」(3.4％)、「近所や知人・親戚等に対する優越感」 (2.0％) であった。問7では環境配慮型の物件を借りると想定した場合に賃料が相場より割高になったとしても入居するか否かを質問した。45.8％が「入居しない」と回答したが、52.1％は「光熱費が安くなり、その分で高くなった賃料分を賄えるなら入居したい」と回答した。「高くても入居したい」と回答した割合は 2.1％であった。

　第三に、「C. 環境配慮型物件に実際に入居する賃借人の意識調査」問8では環境配慮型の賃借物件の賃料額についての意識について質問した。「妥当」と回答した割合が最も多く 50.8％、次いで「高い」(28.3％) 及び「高すぎる」(14.2％) と回答した割合が 42.5％、「低い」が 6.7％であった。問9では環境配慮型の賃借物件に対する満足度を質問した。「非常に満足している」(7.5％) 及び「満足している」(40.8％) の割合が 48.3％と最も高く、次いで「普通」(34.2％)、「満足していない」(15.0％)、「非常に不満である」(2.5％) であった。問 10 では次に居住する建物についても環境配慮型の物件を選択するか否かを質問した。「はい」と回答した割合が最も高く 49.2％、次いで「どちらでもよい」(30.0％)、「いいえ」(20.8％) であった。

　最後に、「D. 環境配慮型の投資物件を促進する政策に対する不動産投資家の意識調査」問 11 では環境配慮型の投資物件に対する優遇金利等の融資の周知度を質問した。「知らない」と回答した割合が最も高く 55.5％であった。次いで「存在は知っているが内容についてはよくわかっていない」(27.7％)、「内容についても理解している」(12.4％)、「すでに融資を受けている」(4.4％) であった。問 12 では環境配慮型の投資物件に対する優遇金利等の融資への関心度を質問した。「大いに関心がある」(22.1％) 及び「関心がある」(38.4％) の割合で 60.5％と最も高く、「関心がない」と回答した割合が 39.5％であった。問 13 では環境配慮型の投資物件の購入・改築に対する補助金への関心度を質問した。「補助金の利用も改築も考えていない」と回答した割合が最も多く 59.4％、次いで「補助金の額が多ければ改築したい」(26.3％)、「補助金を得られるのであれば積極的に改築したい」(12.0％)、「補助金を得られなくても改築したい」(2.3％) であった。

## 8.3 アンケート回答のクロス集計

前節の集計結果を踏まえ、環境配慮型の不動産のクロス集計を行い**表3**に特徴的なものを抜粋した。

まず、環境配慮型の投資物件に対する優遇金利等の融資について、「存在は知っているが内容についてはよくわかっていない」と回答した人の 88.1％が当該融資を利用した投資物件の購入に「大いに関心がある」（35.0％）又は「関心がある」（53.1％）と回答し、当該融資について「知らない」と回答した人であってもその40％が「大いに関心がある」（9.4％）又は「関心がある」（30.6％）と回答している。

また、その関心度と不動産投資額とのクロス集計をした。所有する投資不動産の総額が 2,000 万円未満の場合は53.1％が「関心がない」と回答しているが、2,000 万円〜4,000 万円の場合は「関心がない」と回答する割合が 29.8％、4,000 万円〜6,000 万円で 14.7％、それ以上は 17％〜19％となる。

さらに、入居者側のアンケートでは環境配慮型の物件を選択するか否かの決定要因として「賃料」が約 74％であるが、現在環境配慮型の物件の賃料に対する意識と、次に居住する物件についても同様に環境配慮型を選択するかどうかをクロス集計し、その相関関係を分析した。現在入居する環境配慮型の物件の賃料を「高すぎる」と回答した人であっても、次に居住する物件について環境配慮型以外を選択すると回答した人は 17.6％に過ぎず、35.3％が次も環境配慮型を選択すると回答した。また、単に「高い」と回答した人であっても、20.6％が環境配慮型以外を選択するとし、61.8％は次も環境配慮型を選択すると回答した。その逆に、現在の賃料が「妥当」だと回答した人の 21.3％が次は環境配慮型以外を選択し、45.9％が環境配慮型を選択するという逆転現象が生じている。

また、賃借人一般に対するアンケートの問7で「環境配慮型の物件を借りる場合に、賃料が相場より割高になったとしても入居しますか」という質問に対する回答で最も多かった「光熱費が安くなり、その分で高くなった賃料分を賄えるなら入居したい」（52.1％）という結果となった。

## 8.4 考察

前記アンケート単純集計及びクロス集計で明らかになったことをまとめると以下のとおりである。

　まず、投資家側について、優遇的な融資制度がより周知されることで環境配慮型の不動産に対する投資が増える可能性が高い。また、投資する不動産の総額が多くなると、それだけ融資を受ける金額も多くなり、優遇的な融資制度に関心が高まる。

　次に、入居者側について、賃料が高いからといってそのことが直ちに環境配慮型物件を選ばなくなるというわけではないことが伺える。

　以上から、賃料を割高に設定することで投資家の要望を満たし、光熱費の節約分で割高になる賃料増額部分を賄えるのであれば、優遇的な融資制度等と併せることでさらなる普及が見込める可能性がある。

　なお、投資家については所有する収益不動産の総額、賃借人については年収等でクロス集計しており、資産額が上がる、年収等が高まると、脱炭素・環境配慮に対する意識が高くなるという結果が出ている点も興味深い。

## 9.　まとめ

　究明課題で示した 2 点について、前記アンケート結果を踏まえ、ここにまとめる。

　**究明課題 1**：不動産投資家は、優遇的な融資制度があれば積極的に、ESG 不動産（賃貸住宅）に投資するのか。

　工事費用等の増加額にも当然影響を受けるが、効果的な促進策の 1 つであることは、アンケート結果により明らかになったといえよう。また、前掲の先行研究の結果にあるとおり、優遇的な融資制度が普及することで、還元利回りが下がる効果と光熱費の節約による効果も期待できるので、相乗効果が得られると思われる。

　**究明課題 2**：賃貸住宅の入居者（賃借人）は賃料が高くなった場合でも ESG 化した物件を賃借するのか。

　光熱費が安くなり、その分で高くなった賃料分を賄えるなら入居したいとする意見が最も多く、必ずしも賃料だけでなく、トータルでの出費で判断することがアンケート結果により明らかになった。

　さらに、投資家の所有資産の多寡により変化があるのかについては、投資家も賃借人も、資産額・年収が高まることで、脱炭素・環境配慮に対する意識が高くなるという結果が出ている点は前述した。目前の利益ではない環境への配慮は、自分の生活を圧迫してまで行えるものではないという当然の結果の現れといえよう。

　この点については、脱炭素社会を実現するという直接的な目的ではないが、そこから派生するものとして、高断熱の建物は居住者の健康に寄与するという研究結果[14]もあり、これを強調することで入居率の高い賃貸住宅として価値の向上が図れるものと思われる。また、周知のとおり、脱炭素社会実現に向けた建築基準法令の改正（2024 年 4 月施行部分）により、販売・賃貸事業者は、新築建築物の省エネ性能を広告等に表示することが義務付けられることも、後押しすることに繋がるものと思われる。

　最後に、本研究は概略的な先行研究のまとめと一般的な意識調査に終わっている。今後の研究課題としては、この研究結果を踏まえ、賃貸住宅のタイプ（戸建て、木造アパート、鉄筋コンクリート造マンション等）による違い、購入だけでなく投資物件の改築についても詳細に分析したい。また、賃借希望者に対する質問において、近年の法改正及び高断熱の効用も踏まえた質問事項等も加えることにより、需要者のより詳細な要望を分析したい。

　その際は、アンケート調査だけでなく、実際の賃貸事例の調査、投資家及び金融機関に対するインタビューも実施し本音を探りたい。

　また、促進策としての補助金の効果、建築基準法の改正点等の制度上の規制の効果についても研究課題として残っている。

　今後、この点についても研究する。

以上

---

[14]　自宅からデイサービス施設に通う大阪府、高知県、山梨県の在宅要介護高齢者342 人を対象として、要介護認定平均年齢は、寒い住まい（居間平均室温 14.7℃）では 77.8 歳に対して、暖かな住まい（冬季の居間平均室温 17.0℃）では 80.7 歳であった。これは、冬季に室温を約 2℃暖かく住むことによって要介護認定年齢を約 3 年遅くし得ることを示している。また、暖かい住まいの在宅要介護高齢者の 1 年後の悪化リスクは、寒い住まいに比べて 2.8 分の 1 であった。
さらに、温暖施設（居間食堂 23±2℃、個室 20±2℃）に比べて、それを満たさない寒冷施設では、入居後の要介度重度化リスクは有意に 1.5 倍大きいとの結果も示されている（伊加賀俊治（2021）「建築物の高断熱化・省エネ化と疾病・介護予防」日本不動産学会誌 Vol.35No.1）。

## 図表

### 表1 アンケート調査概要とサンプルの基本属性

A. 環境配慮型の投資物件の経済効果に対する不動産投資家の意識調査

問 1.環境性能を考慮する度合い

問 2.環境配慮型の投資物件への改築または購入について最も重視する点

問 3.環境配慮型の投資物件(ZEH 等)の所有の有無

問 4.環境配慮型の投資物件(ZEH 等)の賃料設定

B. 環境配慮型物件に対する賃借人の意識調査

問 5.環境配慮型の物件に対する関心度

問 6.環境配慮型の物件を借りる上での重視する要因

問 7.環境配慮型の物件の賃料設定に対する意識

C.環境配慮型物件に実際に入居する賃借人の意識調査

問 8.環境配慮型の賃借物件の賃料額についての意識

問 9.環境配慮型の賃借物件に対する満足度

問 10.次に居住する建物についても環境配慮型の物件を選択するか否か

D.環境配慮型の投資物件を促進する政策に対する不動産投資家の意識調査

問 11.環境配慮型の投資物件に対する優遇金利等の融資の周知度

問 12.環境配慮型の投資物件に対する優遇金利等の融資への関心度

問 13.環境配慮型の投資物件の購入・改築に対する補助金への関心度

### サンプルの基本的属性

**(表に示す数値はそれぞれの母数（括弧内に示す人数）に対する割合を示している。)**

| 属性1 | 属性2 | 不動産投資家<br>(1,000 人) | 賃借人一般<br>(900 人) | 環境配慮型居住の賃借人(120 人) |
|---|---|---|---|---|
| 年齢 | 10 代 | 0.2% | 0.7% | 2.5% |
| | 20 代 | 1.8% | 7.1% | 5.8% |
| | 30 代 | 14.1% | 24.8% | 34.2% |
| | 40 代 | 26.3% | 30.7% | 24.2% |
| | 50 代 | 29.4% | 25.6% | 19.2% |
| | 60 代以上 | 28.2% | 11.2% | 14.2% |
| 性別 | 男性 | 73.7% | 53.3% | 54.2% |
| | 女性 | 26.3% | 46.7% | 45.8% |
| 未既婚 | 未婚 | 26.8% | 53.6% | 34.2% |

|  | 既婚 | 73.2% | 46.4% | 65.8% |
|---|---|---|---|---|
| 子供有無 | 子供あり | 68.7% | 35.3% | 55.0% |
|  | 子供なし | 31.3% | 64.7% | 45.0% |
| 職業 | 会社員(正社員) | 48.5% | 43.4% | 51.7% |
|  | 会社員(契約・派遣社員) | 4.5% | 7.0% | 4.2% |
|  | 経営者・役員 | 5.6% | 1.6% | 0.8% |
|  | 公務員(教職員を除く) | 3.5% | 1.4% | 5.8% |
|  | 自営業 | 5.8% | 4.7% | 5.0% |
|  | 自由業 | 1.7% | 1.9% | 4.2% |
|  | 医師・医療関係者 | 1.0% | 3.9% | 0.0% |
|  | 専業主婦 | 7.3% | 9.4% | 5.0% |
|  | 学生 | 0.6% | 1.3% | 3.3% |
|  | パート・アルバイト | 7.6% | 12.7% | 8.3% |
|  | 無職 | 12.1% | 10.8% | 8.3% |
|  | その他 | 1.8% | 1.9% | 3.3% |
| 業種 | 農業・林業・漁業・鉱業 | 1.4% | 0.7% | 1.7% |
|  | 建設業 | 4.8% | 5.6% | 8.3% |
|  | 製造業 | 15.1% | 11.3% | 10.8% |
|  | 情報通信業 | 3.7% | 4.1% | 1.7% |
|  | 金融・証券・保険業 | 4.9% | 2.3% | 5.0% |
|  | 不動産業 | 3.7% | 1.8% | 2.5% |
|  | サービス業 | 10.7% | 13.1% | 14.2% |
|  | 運送・輸送業 | 5.4% | 5.6% | 1.7% |
|  | 電気・ガス・水道業 | 1.5% | 1.0% | 1.7% |
|  | 商社・卸売り・小売業 | 5.6% | 5.9% | 7.5% |
|  | 医療・福祉 | 6.1% | 9.1% | 7.5% |
|  | 教育業 | 2.6% | 3.0% | 2.5% |
|  | 出版・印刷業 | 0.9% | 1.6% | 0.0% |
|  | メディア・マスコミ・広告業 | 0.2% | 1.1% | 0.0% |
|  | 調査業・シンクタンク | 0.1% | 0.0% | 0.0% |
|  | 非営利団体 | 2.0% | 0.9% | 0.8% |
|  | その他 | 11.3% | 11.4% | 17.5% |
|  | 勤めていない | 20.0% | 21.6% | 16.7% |
| 世帯年収 | 100万未満 | 5.3% | 9.4% | 13.3% |
|  | 100万～200万未満 | 4.3% | 8.2% | 5.8% |
|  | 200万～300万未満 | 6.6% | 14.8% | 8.3% |
|  | 300万～400万未満 | 10.5% | 17.7% | 11.7% |
|  | 400万～500万未満 | 10.3% | 11.4% | 13.3% |
|  | 500万～600万未満 | 11.4% | 9.7% | 12.5% |
|  | 600万～700万未満 | 8.3% | 6.9% | 5.8% |

| | | | |
|---|---|---|---|
| 700 万～800 万未満 | 10.5% | 5.2% | 10.0% |
| 800 万～900 万未満 | 6.1% | 4.0% | 3.3% |
| 900 万～1,000 万未満 | 6.9% | 4.9% | 5.0% |
| 1,000 万～1,200 万未満 | 7.9% | 4.6% | 6.7% |
| 1,200 万～1,500 万未満 | 5.3% | 1.3% | 0.8% |
| 1,500 万～1,800 万未満 | 1.7% | 0.4% | 1.7% |
| 1,800 万～2,000 万未満 | 1.3% | 0.6% | 0.0% |
| 2,000 万以上 | 3.6% | 0.9% | 1.7% |

表2 アンケート調査単純集計

A. 環境配慮型の投資物件の経済効果に対する不動産投資家の意識調査

問 1.不動産の取得・賃貸等をする場合において不動産の環境性能を考慮する度合いはどの程度ですか。

| 回答 | 割合(%) | 総計(人) |
|---|---|---|
| 大いにある | 7.30% | 73 |
| ある | 20.70% | 207 |
| どちらともいえない | 42.30% | 423 |
| ない | 11.90% | 119 |
| 全くない | 17.80% | 178 |

問 2.環境配慮型の投資物件への改築または購入について最も重視する点は次のうちどれですか。

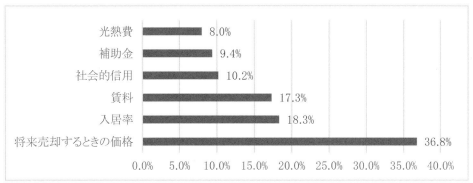

| 要因 | 割合(%) | 総計(人) |
|---|---|---|
| 将来売却するときの価格 | 36.8% | 368 |
| 入居率 | 18.3% | 183 |
| 賃料 | 17.3% | 173 |
| 社会的信用 | 10.2% | 102 |
| 補助金 | 9.4% | 94 |
| 光熱費 | 8.0% | 80 |

問 3.環境配慮型の投資物件(ZEH 等)を所有していますか。

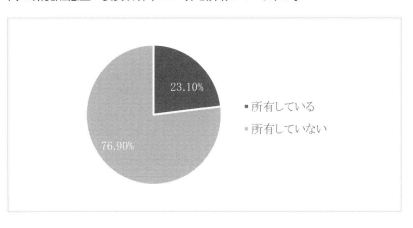

3 ＥＳＧ不動産投資とその促進策

**問 4.環境配慮型の投資物件（ZEH 等）は、その他の物件に比べて、賃料を高く設定していますか。**

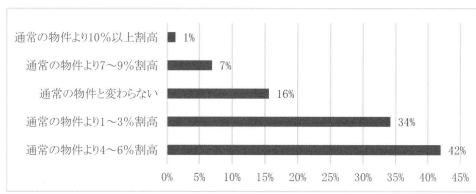

| 回答 | 割合(%) | 総計(人) |
|---|---|---|
| 通常の物件より 4～6％割高 | 42.0% | 97 |
| 通常の物件より 1～3％割高 | 34.2% | 79 |
| 通常の物件と変わらない | 15.6% | 36 |
| 通常の物件より 7～9％割高 | 6.9% | 16 |
| 通常の物件より 10％以上割高 | 1.3% | 3 |

B. 環境配慮型物件に対する賃借人の意識調査

**賃借人に対するアンケート調査**

現在賃貸物件に入居する 900 人を対象にアンケート調査を行い以下の結果を得た。

この調査では、建物賃借人の環境配慮型の賃貸物件への関心度及び同物件を選択する動機を明らかにすることを目的とする。

問 5.環境配慮型の物件（太陽光パネル・二重窓等の省エネタイプの建物）の賃借に関心がありますか。

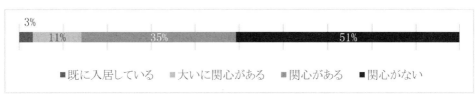

| 回答 | 割合(%) | 総計(人) |
|---|---|---|
| 既に入居している | 3.1% | 28 |
| 大いに関心がある | 11.1% | 100 |
| 関心がある | 35.1% | 316 |
| 関心がない | 50.7% | 456 |

問 6.もし環境配慮型の物件を借りることを想定した場合、決定に際して最も重視する要因はどれですか。

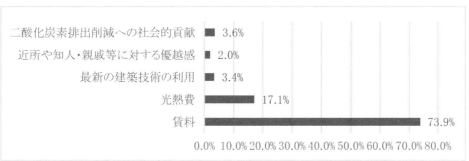

| 決定要因 | 割合(%) | 総計(人) |
|---|---|---|
| 賃料 | 73.9% | 665 |
| 光熱費 | 17.1% | 154 |
| 最新の建築技術の利用 | 3.4% | 31 |
| 近所や知人・親戚等に対する優越感 | 2.0% | 18 |
| 二酸化炭素排出削減への社会的貢献 | 3.6% | 32 |

3
ESG不動産投資とその促進策

**問 7.環境配慮型の物件を借りる場合に、賃料が相場より割高になったとしても入居しますか。**

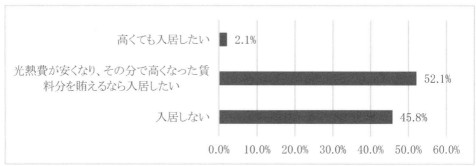

| 回答 | 割合(%) | 総計(人) |
|---|---|---|
| 入居しない | 45.8% | 412 |
| 光熱費が安くなり、その分で高くなった<br>賃料分を賄えるなら入居したい | 52.1% | 469 |
| 高くても入居したい | 2.1% | 19 |

C.環境配慮型物件に実際に入居する賃借人の意識調査

現在、環境配慮型の賃貸物件に入居する 120 人を対象にアンケート調査を行い以下の結果を得た。

この調査では、環境配慮型の賃貸物件にすでに入居している賃借人の同建物に対する満足度を明らかにする。

**問 8.現在お住まいになっている環境配慮型の賃借物件の賃料についてどう思いますか。**

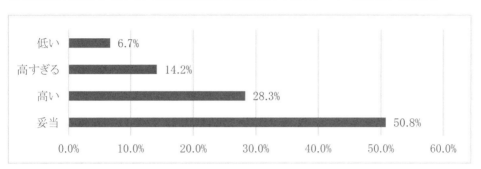

| 回答 | 割合(%) | 総計(人) |
|---|---|---|
| 妥当 | 50.8% | 61 |
| 高い | 28.3% | 34 |
| 高すぎる | 14.2% | 17 |
| 低い | 6.7% | 8 |

**問 9.現在お住まいになっている環境配慮型の賃借物件に満足していますか。**

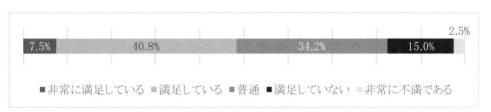

| 回答 | 割合(%) | 総計(人) |
|---|---|---|
| 非常に満足している | 7.5% | 9 |
| 満足している | 40.8% | 49 |
| 普通 | 34.2% | 41 |
| 満足していない | 15.0% | 18 |
| 非常に不満である | 2.5% | 3 |

問 10.次に居住する建物についても環境配慮型の物件を選択しますか。

| 回答 | 割合(%) | 総計(人) |
|---|---|---|
| はい | 49.2% | 59 |
| いいえ | 20.8% | 25 |
| どちらでもよい | 30.0% | 36 |

D.環境配慮型の投資物件を促進する政策に対する不動産投資家の意識調査

不動産投資を含む一般の投資家 1,000 人を対象にアンケート調査を行い以下の結果を得た。

この調査では、投資用不動産を購入する際の優遇金利等による融資制度の認知度及び利用したいと思うのか否かを明らかにすることを目的とする。

**問 11.環境配慮型の投資物件に対する優遇金利等の融資についてご存じですか。**

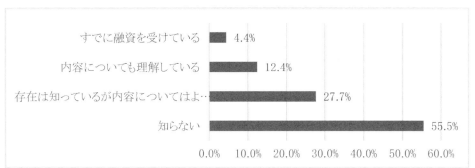

| 回答 | 割高(%) | 総計(人) |
|---|---|---|
| 知らない | 55.5% | 555 |
| 存在は知っているが内容についてはよくわかっていない | 27.7% | 277 |
| 内容についても理解している | 12.4% | 124 |
| すでに融資を受けている | 4.4% | 44 |

**問 12.環境配慮型の投資物件に対する優遇金利等の融資を利用した投資物件の購入に関心がありますか。**

| 回答 | 割合(%) | 総計(人) |
|---|---|---|
| 大いに関心がある | 22.1% | 221 |
| 関心がある | 38.4% | 384 |
| 関心がない | 39.5% | 395 |

問 13.現在、所有している非環境配慮型の投資物件を環境配慮型に改築する予定はあります
か？

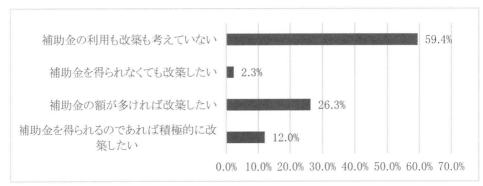

| 回答 | 割合(%) | 総計(人) |
|---|---|---|
| 補助金を得られるのであれば積極的に改築したい | 12.0% | 92 |
| 補助金の額が多ければ改築したい | 26.3% | 202 |
| 補助金を得られなくても改築したい | 2.3% | 18 |
| 補助金の利用も改築も考えていない | 59.4% | 457 |

## 表3 アンケートクロス集計

○前記問 11 と問 12 のクロス集計

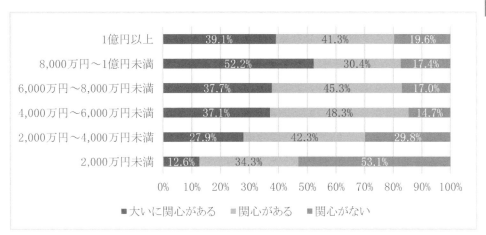

| | | 問 12.環境配慮型の投資物件に対する優遇金利等の融資を利用した投資物件の購入に関心がありますか。 | | |
|---|---|---|---|---|
| | | 大いに関心がある | 関心がある | 関心がない |
| 問 11.環境配慮型の投資物件に対する優遇金利等の融資についてご存じですか。 | 知らない | 52 | 170 | 333 |
| | | 9.4% | 30.6% | 60.0% |
| | 存在は知っているが内容についてはよくわかっていない | 97 | 147 | 33 |
| | | 35.0% | 53.1% | 11.9% |
| | 内容についても理解している | 53 | 57 | 14 |
| | | 42.7% | 46.0% | 11.3% |
| | すでに融資を受けている | 19 | 10 | 15 |
| | | 43.2% | 22.7% | 34.1% |

○前記問 12 と所有する投資不動産の総資産額とのクロス集計

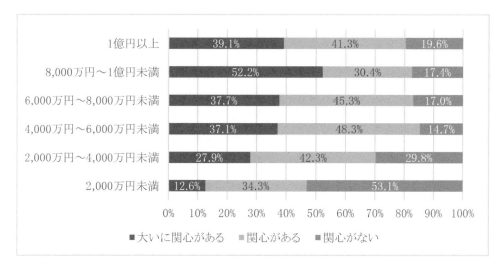

| | | 問 12.環境配慮型の投資物件に対する優遇金利等の融資を利用した投資物件の購入に関心がありますか。 | | |
|---|---|---|---|---|
| | | 大いに関心がある | 関心がある | 関心がない |
| 貴方が現在所有している投資不動産の資産額の合計はいくらくらいですか？ | 2,000 万円未満 | 70 | 190 | 294 |
| | | 12.6% | 34.3% | 53.1% |
| | 2,000 万円～4,000 万円未満 | 58 | 88 | 62 |
| | | 27.9% | 42.3% | 29.8% |
| | 4,000 万円～6,000 万円未満 | 43 | 56 | 17 |
| | | 37.1% | 48.3% | 14.7% |
| | 6,000 万円～8,000 万円未満 | 20 | 24 | 9 |
| | | 37.7% | 45.3% | 17.0% |
| | 8,000 万円～1 億円未満 | 12 | 7 | 4 |
| | | 52.2% | 30.4% | 17.4% |
| | 1 億円以上 | 18 | 19 | 9 |
| | | 39.1% | 41.3% | 19.6% |

○前記問 10 と問 8 のクロス集計

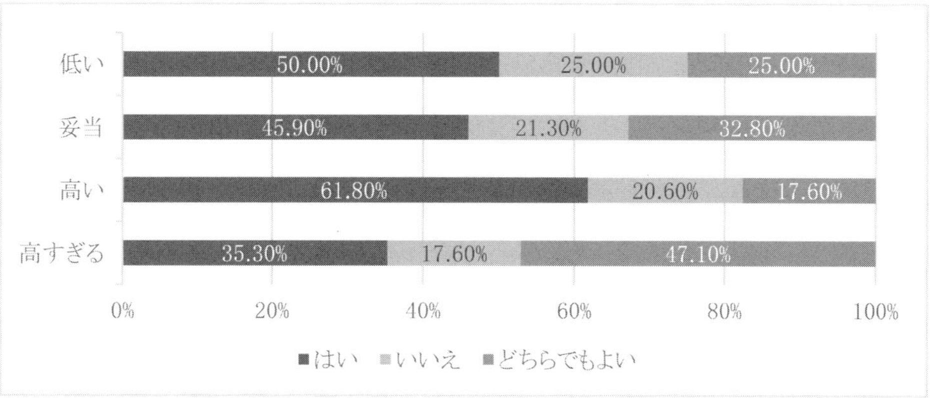


| | | 問 10.次に居住する建物についても環境配慮型の物件を選択しますか。 | | |
|---|---|---|---|---|
| | | はい | いいえ | どちらでもよい |
| 問 8.現在お住まいになっている環境配慮型の賃借物件の賃料についてどう思いますか。 | 高すぎる | 6 | 3 | 8 |
| | | 35.3% | 17.6% | 47.1% |
| | 高い | 21 | 7 | 6 |
| | | 61.8% | 20.6% | 17.6% |
| | 妥当 | 28 | 13 | 20 |
| | | 45.9% | 21.3% | 32.8% |
| | 低い | 4 | 2 | 2 |
| | | 50.0% | 25.0% | 25.0% |
| | 低すぎる | 0 | 0 | 0 |
| | | 0.0% | 0.0% | 0.0% |

《参考文献》

[1]　国土交通省「不動産分野の社会的課題に対応する ESG 投資促進検討会」2023 年 3 月 24 日更新
https://www.mlit.go.jp/tochi_fudousan_kensetsugyo/tochi_fudousan_kensetsugyo_tk5_000001_00005.html

[2]　堀江 隆一(2020)「パリ協定・SDGs を実現する ESG 投資の潮流と不動産セクター GRESB によるインテグレーションとインパクト投資への進展― ESG real estate investment to achieve Paris Agreement and SDGs Diffusion of ESG integration with GRESB and development into positive impact investment」不動産研究第 62 巻第 3 号 3-13 頁

[3]　公益社団法人 日本不動産鑑定士協会連合会 調査研究委員会 ESG 投資研究小委員会(2019)「ESG 不動産投資の不動産の鑑定評価への反映～オフィスビルの健康性・快適性、利便性、安全性の評価～」

[4]　Dian, T.M., and Miranowski, J (1989)"Estimating the Implicit Price of Energy Efficiency Improvements in the Residential Housing Market-A Hedonic Approach"Journal of Urban Economics, 25, 52-67.

[5]　Brown, M. and T. Watkins (2016) "The Green Premium for Environmentally Certified Homes:a Meta-analysis and Exploration"Unpublished paper. Retrieved from
https://www.researchgate.net/publication/294090858_The_green_premium_for_environmentally_certified_homes_a_meta-analysis_and_exploration

[6]　植田博之(2007)「費用負担意識からみた環境配慮設計手法に対する消費者評価に関する研究集合住宅に関する CASBEE 評価基準を事例として」日本建築学会環境系論文集第 72 巻 621 号、63-68 頁

[7]　Shimizu, C(2013)"Sustainable Measures and Economic Value in Green Housing" Open House International Journal, 38 (3), 57-63.

[8]　梶塚真・有田智一(2018)「集合住宅の環境性能における消費者重視度と不動産価格の関連性に関する研究」日本建築学会環境系論文集第 83 巻 751 号、791-799 頁

[9]　Banfi, S., Farsi, M., Filippini, M., and Jakob, M (2005)"Willingness to Pay for Energy-Saving Measures in Residential Buildings"CEPE Working paper,No.41,503-516

[10]　Eichholtz,P.,N.Kok,andJ.MQuigley(2010)"Sus-tainabilityandtheDynamicsofGreenBuilding"RICSResearch.

[11] Fuerst,F.andP.McAllister(2011)"Eco-labelinginCommercialOfficeMarkets:DoLEEDandEnergyStarOfficesObtainMultiplePremiums?" Ecological Economics,Vol.70(6),pp.1220-1230.

[12] 大西順一郎(2015)「環境マネジメントの経済性分析－東京23区オフィスビルにおける環境認証取得有無と新規賃料の関係ヘドニック・アプローチおよび傾向スコアをもちいた分析－」環境不動産普及促進検討委員会

[13] 伊藤雅人・村上周三・伊香賀俊治・林立也・高井啓明・松永浩一(2016)「建物の性能及び知的生産性への貢献度が不動産賃料に与える影響に関する検討」日本建築学会技術報告集第22巻52号、1053-1056頁

[14] 山下 誠之(2022)「欧米における持続可能性とESGに配慮した不動産の鑑定評価に関する取組～最新のRICSガイダンスノートを中心に」不動産研究第64巻第2号26-35頁

[15] 国土交通省 不動産・建設経済局(2021)「不動産鑑定評価におけるESG配慮に係る評価に関する検討業務報告書 令和3年3月」

[16] Dian, T.M., and Miranowski, J(1989)"Estimating the Implicit Price of Energy Efficiency Improvements in the Residential Housing Market---A Hedonic Approach"Journal of Urban Economics, 25, 52-67.

[17] Obrinsky, M. and C. Walter.(2016) "Energy Efficiency in Multifamily Rental Homes: An Analysis of Residential Energy Consumption Data"Journal of Sustainable Real Estate, 1,2-19.

[18] 青木現・田辺新一板谷敏正(2017)「J-REIT所有オフィスにおけるCASBEE認証及び東京都トップレベル事業所認定が賃貸事業収益及び水道光熱費に与える影響」日本建築学会環境系論文集第82巻第733号、273-279頁

[19] 吉田資(2022)「『環境性能評価』が新築マンション価格に及ぼす影響～『CASBEE大阪みらい』の評価結果を用いた実証分析」不動産研究第64巻第2号15-25

[20] 佐野洋輔・安達広幸・井上和也・今村敬(2023)「改正建築物省エネ法と建築物の環境対策」不動産鑑定2023年2月号(不動産鑑定実務研究会)7-37頁

[21] Yuval Arbel, Danny Ben-Shahar, Sharon Horsky & Naor Versano(2018) "Time-to-Sell of New Green Housing"Journal of Sustainable Real Estate,10:1, 33-58.

[22] RICS 国際評価基準を補完するガイダンスノート「商業用不動産の評価と戦略的アドバイスにおけるサステナビリティとESG」の9(評価方法と留意点)

[23]　Pivo, G. (2013) "The Effect of Sustainability Features on Mortgage Risk in Multifamily Rental Housing" Journal of Sustainable Real Estate, 5:1, 149-70.

[24]　国土交通省不動産・建設経済局 (2021)「不動産鑑定評価における ESG 配慮に係る評価に関する検討業務」

[25]　江夏あかね・加藤貴大 (2021)「不動産セクターとサステナブルファイナンス－評価・認証制度と共に続く発展－」野村サステナビリティクォータリー 2021 年夏号 54-72

[26]　清水千弘 (2021)「環境配慮型社会と不動産市場」日本不動産学会誌 Vol.35No.1,57-61 頁

[27]　国土交通省 不動産・建設経済局 (2021)「不動産鑑定評価における ESG 配慮に係る評価に関する検討業務報告書」

[28]　太田珠美・内野逸勢・田中大介 (2018)「地域金融機関の ESG 金融はどうあるべきか」大和総研調査季報 2018 年秋季号 Vol.32,38-49 頁

[29]　森祐司 (2021)「ESG 地域金融の現状と課題」商工金融 2021 年 7 月号 84-87 頁

[30]　谷地宣亮 (2022)「ESG 地域金融の現状と課題に関する一考察」日本福祉大学経済論集第 65 号 17-33 頁

[31]　環境省大臣官房環境経済課環境金融推進室 (2023)「ESG 地域金融実践ガイド 2.2－ESG 要素を考慮した事業性評価に基づく融資・本業支援のすすめ」

[32]　日経新聞 (2023 年 3 月 9 日 2:00) https://www.nikkei.com/article/DGKKZO69099720Y3A300C2EE9000/

（田中　嵩二, 山本　卓）

# 第 4 章　遊休不動産保有の投資家評価

## 1.　背景と目的

　我が国の会計基準のひとつである固定資産の減損に係る会計基準（以下、減損会計基準）は、財務諸表の透明性の確保、経営者の裁量的な評価の除去、および会計基準の国際的調和を目的とし 2006 年より強制適用となった。[①]　現在の減損会計基準には、経営者の判断と見積もりに委ねる部分もおおく、経営者の裁量を認めているため、今以上に減損損失に関する厳格な情報開示をする必要があると考えられる。

　近年、減損会計導入等の会計制度の変更にともない、企業価値最大化の観点から企業の重要な経営資源である不動産に焦点があてられた CRE 戦略[②]が定着してきている。CRE 戦略は不要な資産の効率的な利活用により企業の財務体質を改善させ企業戦略に重要なものであるため、投資家の注目も高いと考えられる。しかしながら投資家は業種ごとに異なるベンチマークにより財務の健全性等を判断するように、その資産特性についても異なった視点で意思決定を行うものと考えられる。そこで本稿では遊休不動産について立地、用途、規模等に異なる可能性のある「製造業」と「商業」に焦点をあて、開示情報の有用性を検証する。

　本稿の目的は、「製造業」と「商業」を対象に減損会計適用企業の開示情報が株式市場に与える影響を明らかにし、資産内容、特に土地等の遊休不動産[③]情報について検討することである。そのうえで、投資家に対する有用性の高い情報提供[④]

---

[①]「減損会計基準の設定に関する意見書」二
[②]　CRE とは Corporate Real Estate（企業不動産戦略）の略であり、CRE の目的は企業不動産の取得・処分および利活用等を戦略的に実施し、企業価値を高める経営を行うことである。
[③]「遊休不動産」とは企業活動にほとんど使用されていない不動産と定義される。
[④]　Paugam and Ramond（2015）は、フランス企業をサンプルとして減損損失の注記情報が充実している企業の株主資本コストやアナリスト予測誤差が小さいことを発見し

と企業不動産の活用状況の把握について基礎的知見を提示し、社会問題化している空き家・空き地問題[⑤]の解決策に資することを目的とする。

## 2.　先行研究

　本稿は減損会計の研究の中でも市場反応に関連が深く、近年までに多数の研究が蓄積されてきている。市場反応の研究は国外での歴史が長く、初期のものではSharp and Walker(1975)は豪州企業を対象に分析し、有形固定資産の再評価発表が株価変動に影響を与え、発表後の株価推移の維持も観察された。これに続く研究として、Standish and Ung(1982)では英国企業を対象に分析した結果、再評価の発表と株価変動の間に関連性がみられた。米国を中心とした研究では Strong and Meyer(1987)は評価減発表日における累積異常リターンが大きくマイナスになることを発見し、Elliot and Shaw(1988)、Francis et al.(1996)、Bunsis(1997)等についても、有形固定資産の評価替えは投資家にとって有用性の高い情報であることが検証されてきている。また、利益調整行動にかかる研究についても蓄積されてきており、Zucca and Campbell(1992)は経営者の利益調整行動と企業の財務健全性について分析し、評価減を利用した利益平準化やビッグ・バス[⑥]が観察された。これに続く研究として、Francis et al.(1996)、Riedl(2004)、Strong and Meyer(1987)、Minnick(2011)等があり、減損会計適用と経営者の利益調整行動には密接な関係があることが検証されてきている。

　日本においても、諸外国と同様に市場反応や利益調整行動の研究は蓄積されてきている。利益調整行動等の経営者の裁量行動に着目した研究に、山本(2005)、榎本(2007)、胡・車戸(2012)、藤山(2014)、木村(2015)、三輪・田口・藤山(2016)等があり、米国等と同様に、減損会計適用と経営者の裁量行動には密接な関係がある

---

ている。

[⑤]　国土交通省(2014)「地方都市における遊休不動産の利活用促進に関する調査」では、遊休不動産の再生・利活用促進に向けた課題等を検討し地方都市活性化の問題に取り組んでいる。

[⑥]　ビッグ・バスとは業績が悪化し、利益が思わしくない企業は、将来発生するであろう損失や費用で計上可能なものを当該期に計上することで、その後の損失や費用負担を軽減し利益の回復を狙うものである。

ことを明らかにしている。また、市場反応に着目した研究には、勝田・馬・大川（2008）、向（2008）、小林（2008）等があり、減損会計の適用時期とその公表にかかる市場反応を分析し、適用時期や公表タイミングによって投資家の評価に温度差があることが観察され、諸外国と同様に減損損失の情報は投資家にとって有用性が認められていることが明らかになってきている。

　以上のとおり、減損会計の適用において、その情報は投資家にとって有用性が高いが、経営者の利益調整行動の動機となっていることが示唆されている。しかし、先行研究では減損会計任意適用期から強制適用期における意思決定の効果を検証するものが多く、減損会計強制適用期後の企業不動産そのものの特性に焦点を定めたものがほとんどない。そこで、本稿では、企業不動産の開示情報を意識し、その発見事項から企業不動産について検討を行う。

## 3. 仮説展開

　前述の先行研究において議論したように、企業の開示情報や姿勢には経営者の裁量が介入する可能性が高く、投資家は経営者の裁量的行動を注目している部分もある。投資家は、企業の開示情報や姿勢に対し投資判断を行い、積極的に情報開示する企業の姿勢に対しては高い評価になると考えられる。負債比率仮説は多くの先行研究により支持されている。例えば Chao（2006）は減損損失と負債比率について正の相関があることを確認している。また、山本（2005）では減損会計の早期適用企業において負債比率が有意に高いことを指摘し、負債比率の高い企業は金融機関からの影響を受ける程度が高く、早期適用企業においては利益平準化と負債比率の高さが結びついているとの解釈を示している。したがって、負債比率の高い企業ほど企業財務が不安定となることが考えられ、減損損失が財務情報に及ぼす影響が大きい場合にはネガティブな市場反応を受けることが予測される。ここで第1の仮説を設定する。

**H1：有利子負債比率の高い企業ほど株価がネガティブな影響を受けやすい。**

　減損会計基準では重要な減損損失が計上された場合には、損益計算書への注記が求められており、その注記は資産グループ別に記載する必要がある。[7]　おおむね、事業用資産、遊休資産、賃貸資産、処分予定資産、その他(のれん)に分類される。なかでも、遊休資産[8]には直接事業から得られるキャッシュ・フローはないことから、将来キャッシュ・フロー予測分、企業価値評価に影響を与えるものと考えられる。また、製造業の遊休不動産は工場跡地の蓋然性が高いため、大規模敷地であることや土壌汚染の疑い等から流動化リスクが見込まれる。したがって、遊休資産の減損注記を記載した企業に対する投資家の評価は低くなると予測される。ここで第2の仮説を設定する。

**H2：遊休資産の減損を計上する企業ほど株価がネガティブな影響を受けやすい。**

## 4.　製造業に係る実証分析

### 4.1　サンプル抽出条件

　分析対象は2007年から2015年に東京証券取引所に連続上場している企業とする。[9]　その中で、第一部に上場している製造業であること、決算発表が4月、5月、6月である企業と限定し、減損回数(1-3回、7-9回)で分類した上で、それぞれ、減損規模[10]上位50社(極端値を除く)計100社を抽出した。なお、財務データ、株価及びTOPIXについては「日経NEEDS財務データ」「Yahoo!ファイナンス」より、持株比率データについては「会社四季報」(東洋経済新報社)より収集した。

---

[7]　「減損会計基準適用指針」58
[8]　遊休資産とは事業の用に供するために取得したものの、何らかの理由によって使用や稼働を休止させている資産のことである。多くは土地・建物の不動産であるが、一部に機械等の動産が含まれる。本稿では、不動産のみを抽出することが困難であるため、遊休資産の区分で分析を行った。
[9]　減損会計基準の適用初年度までの期間は、それまで減損損失を計上する基準がなかったことに対する過年度修正の意味合いもあるため、減損会計強制適用後の2007年からを対象期間としている。
[10]　2007年から2015年の減損額の合計額を2015年度の総資産で除した数値。

表 4-1 は「製造業」に係る記述統計量を示している[11]。IMP_S（減損規模）は平均値で 6.5％になっており、これは減損回数の多い企業群をサンプルとして採用しているためと考えられる。

### 表 4-1　記述統計量（製造業）

n=100

| | Mean | Median | Minimun | Maximun | Std. Dev |
|---|---|---|---|---|---|
| *Size(Ln)* | 11.693 | 11.446 | 7.850 | 15.784 | 0.153 |
| *IMP_F* | 5.440 | 5.000 | 1.000 | 9.000 | 0.311 |
| *IMP_A* | 21169.890 | 4209.500 | 101.000 | 144234.000 | 3492.303 |
| *IMP_S* | 0.065 | 0.050 | 0.012 | 0.266 | 0.005 |
| *Debt* | 0.181 | 0.165 | 0.000 | 0.579 | 0.015 |
| *Corporation* | 0.196 | 0.142 | 0.005 | 0.680 | 0.016 |
| *Financial* | 0.254 | 0.255 | 0.024 | 0.489 | 0.011 |
| *Foreigner* | 0.185 | 0.187 | 0.006 | 0.600 | 0.014 |
| *Land* | 0.097 | 0.069 | 0.000 | 0.458 | 0.008 |
| *Big3* | 0.700 | 1.000 | 0.000 | 1.000 | 0.046 |
| *Informaition source* | 0.750 | 1.000 | 0.000 | 1.000 | 0.044 |

*Size(Ln)*：総資産(Ln)、*IMP_F*：減損回数、*IMP_A*：減損額、*IMP_S*：減損規模、*Debt*：有利子負債比率
*Corporation*：一般事業法人持株比率、*Financial*：金融機関持株比率、*Foreigner*：外国人持株比率、、
*Land*：土地資産比率、*Big3*：3大監査法人ダミー、*Informaition source*：決算短信公表企業ダミー

（出所）筆者作成、以下の図表すべて同じ

## 4.2　分析方法

本稿では会計情報の開示と短期株価変動に着目したイベント・スタディを適用している。Sharp and Walker（1975）や Standish and Ung（1982）が試みたように、株価が形成されるプロセスをモデルでとらえ、そのモデルから算出される株式投資収益率の理論値と実現値との差を異常収益率（Abnormal Return）とし減損損失の情報開示が株価に与える影響を検証する。

本件では、具体的には(1)式のマーケット・モデルによって正常収益率（正常リターン）を推定し、その正常収益率と実際の収益率の差により異常収益率を測定し、これに基づき累積異常収益率（CAR：Cumulative Abnormal Return）を求め、検討を行う。これは、資本資産評価モデル（CAPM 理論）の基礎の上に Sharpe（1964）らが展

---

[11]　相関係数については、変数間で強い相関のものはみられない。

開したモデルで市場全体要因に基づく株価変動部分を除去した上で、実際収益率と期待収益率の残差部分に着目したものである。

$$R_{it} = \alpha_i + \beta_i R_{mt} + \varepsilon_{it} \tag{1}$$

$R_{it}$　：企業 i の株式の第 t 日の収益率 [12]

$R_{mt}$　：第 t 日におけるマーケット・ポートフォリオの収益率（本件では TOPIX を採用）

$\alpha_i$、$\beta_i$　：線形回帰モデルのパラメーター

$\varepsilon_{it}$　：誤差項

　上記のマーケット・モデルの値は R_it 、R_mt の時系列データから最小二乗法で推定される。その値を表せば、異常収益率（Abnormal Return）の推定値 ε_it は(2)式で求められる。

$$\varepsilon_{it} = R_{it} - (\alpha_i + \beta_i R_{mt}) \tag{2}$$

　本分析では、イベント日 [13] を中心に、前後 10 日間を分析対象期間とする。また、サンプル企業 n 社を取り出し、第 t 日における減損アナウンス及び決算短信公表の平均的効果を検証するには、以下の(3)式によって平均異常収益率（AR：Average Abnormal Return）を求める。

$$AR_t = 1/n \sum_{i=1}^{n} \varepsilon_{it} \tag{3}$$

---

[12] 収益率（$R_t$）は、各企業の株価調整後終値（$P_t$）を用いて次式より算出している。$R_t = (P_t - P_{t-1})/P_{t-1}$

[13] 本稿では各企業の IR 情報ニュースリリースより、減損損失のアナウンスを行なった日をイベント日とする。アナウンスの行われなかった企業については決算短信公表日をイベント日とする。

n:グループ分けした企業数

さらに、分析対象期間における効果をみるために以下のとおりt=aからbまでの期間の累積異常収益率（CAR）を(4)式により計測する。

$$CAR(a,b) = \sum_{t=a}^{b} AR_t \qquad (4)$$

次のステップとして、上記で計測された CAR を被説明変数とした以下のモデル(5)式に基づいた回帰分析を行う。さらに、減損回数（$IMP\_F$）・減損額（$IMP\_A$）・減損規模（$IMP\_S$）を被説明変数とした以下のモデル(6)式に基づいた回帰分析を行う。

なお、決算短信公表企業とニュースリリース公表企業を区分した分析については、説明変数$\alpha_8 Information\ Source_i$を除いた(5)式および(6)式に基づき回帰分析を行う。

$$CAR(a,b)_i = \alpha_1 + \alpha_2 Size(Ln)_i + \alpha_3 Debt_i + \alpha_4 Financial_i$$
$$+\alpha_5 Corporation_i + \alpha_6 Land_i + \alpha_7 Big3_i + \alpha_8 Information\ Source_i + \varepsilon_i \quad (5)$$

$$\left(IMP_F \cdot IMP_A \cdot IMP_S\right) = \alpha_1 + \alpha_2 Size(Ln)_i + \alpha_3 Debt_i + \alpha_4 Financial_i$$
$$+\alpha_5 Corporation_i + \alpha_6 Land_i + \alpha_7 Big3_i + \alpha_8 Information\ Source_i + \varepsilon_i \quad (6)$$

〈変数の定義〉

*I M P _ F* ： 2007 年から 2015 年の決算期に減損損失が公表された回数

*I M P _ A* ： 2007 年から 2015 年に計上された減損額の合計額

*I M P _ S* ： 2007 年から 2015 年に計上された減損額の合計額を 2015 年度の総資産で除した数値

*S i z e（L n）* ： 2015 年度、総資産額の自然対数変換値を採用する。資産規模が大きい企業ほど、社会的注目度が高く、社外からの監視圧力が高まる

$D$ $e$ $b$ $t$ ： 2015 年度、各企業の有利子負債比率。利子返済が必要となる部分に着目し、同比率が高くなるほど金融機関との関りが深いと考えられる

$Corporation$ ： 2015 年度、各企業の一般事業法人持株比率。一般事業法人持株比率が高い企業ほど株式持合いが進むため、外部からの監視・規律が弱く経営者にとって安定的であることで、経営者裁量性の高い環境で経営が行われる可能性がある

$Financial$ ： 2015 年度、各企業の金融機関持株比率。金融機関持株比率が高い企業ほど金融機関からの監視・規律が強くなるため、経営判断が慎重となる

$Foreigner$ ： 2015 年度、各企業の外国人持株比率。外国人持株比率の高い企業ほど、外部からの監視・規律が強く、業績向上圧力を受けるため、収益効率性が重視された経営判断がなされる傾向にある

$Land$ ： 2015 年度、各企業の土地資産額を総資産額で除した数値を採用する

$Big$ $3$ ： 2015 年度、3 大監査法人[14]にかかる変数。3 大監査法人の監査を受ける場合に 1 をとり、そうでない場合に 0 をとる

$Information$ $Source$ ： 決算短信公表企業にかかる変数。決算短信公表企業に 1 をとり、ニュースリリース公表企業に 0 をとる

## 5. 分析結果（製造業）

前節の実証分析により以下の通り仮説を検証した。

### 5.1 有利子負債比率に係る検証結果 [15]

仮説 1 について、表 4-2 によるとイベント期間内(−1,1)(1,0)において有意な数値が得られており、公表日前後において有利子負債比率の高い企業ほど大きくマイナ

[14] 本稿では、あらた監査法人がサンプル 100 件のうち 2 件と少数であったため、新日本、トーマツ、あずさの 3 大監査法人を BIG 3 とする。
[15] 将来的課題としてサンプル数を増やし、ダミー変数をいれた分析を試みる。

スとなる傾向を示し、有利子負債比率の高さと短期株価変動に負の相関を示唆する結果となった。有利子負債比率の高い企業において投資家は、財務的な不安定要素を抱えている企業が減損損失を計上することで、財務健全性の低下から高リスク企業だと判断し、ネガティブに反応していると考えられる。また、表 4-3 の回帰分析結果では、減損回数、減損規模について有利子負債比率がプラスに有意な数値が得られ、有利子負債比率の高い企業ほど、減損回数、減損規模が大きくなることを示唆する結果となった。有利子負債が高い企業ほど、頻繁に減損処理を行うことで、次期以降の費用や損失を軽減させることにより債務残高を減少させ財務体質の改善を図ろうとしているものと考えられる。また、減損規模について債務制限条項への抵触を回避するため減損処理により利益調整を行っている可能性も考えられる。減損規模と有利子負債比率の関係においては、胡・車戸(2012)[16]と整合がとれる結果となった。

---

[16] 胡・車戸(2012)では、負債比率と減損規模により分析している。

## 表 4-2 CAR を被説明変数とした回帰分析結果（製造業 n=100）

分析モデル：CAR(a,b)_i=α1+α2 Size(Ln)_i+α3 Debt_i+α4 Corporation_i+α5 Financial_i
+α6 Foreigner_i+α7 Land_i++α8 Big3_i+α9 Imformaition source_i+ε_i

| | α1 | t-value | α2 | t-value | α3 | t-value | α4 | t-value | α5 | t-value |
|---|---|---|---|---|---|---|---|---|---|---|
| (-1,0) | 0.013 | 0.475 | -0.002 | -0.669 | 0.008 | 0.342 | -0.033 | -1.409 | -0.021 | -0.634 |
| (-1,1) | -0.034 | -0.607 | 0.003 | 0.439 | -0.079 | -1.7176* | -0.040 | -0.864 | -0.075 | -1.134 |
| (0,1) | -0.031 | -0.570 | 0.002 | 0.292 | -0.080 | -1.7601* | -0.018 | -0.388 | -0.074 | -1.136 |
| (-2,0) | 0.004 | 0.127 | -0.002 | -0.492 | 0.020 | 0.730 | -0.036 | -1.313 | -0.026 | -0.659 |
| (-2,1) | -0.043 | -0.713 | 0.003 | 0.445 | -0.067 | -1.345 | -0.044 | -0.876 | -0.081 | -1.124 |
| (-2,2) | -0.063 | -0.945 | 0.004 | 0.651 | -0.062 | -1.133 | -0.050 | -0.905 | -0.085 | -1.069 |
| (-5,0) | -0.034 | -0.753 | 0.005 | 1.094 | 0.003 | 0.089 | -0.069 | -1.8172* | -0.032 | -0.596 |
| (-5,5) | -0.104 | -1.304 | 0.013 | 1.597 | -0.103 | -1.552 | -0.077 | -1.157 | -0.130 | -1.352 |

| | α6 | t-value | α7 | t-value | α8 | t-value | α9 | t-value | R2 |
|---|---|---|---|---|---|---|---|---|---|
| (-1,0) | 0.056 | 1.600 | 0.071 | 1.7886* | 0.009 | 1.257 | -0.002 | -0.321 | 0.047 |
| (-1,1) | 0.066 | 0.948 | 0.146 | 1.8347* | 0.011 | 0.782 | 0.004 | 0.318 | 0.032 |
| (0,1) | 0.080 | 1.170 | 0.139 | 1.7839* | 0.009 | 0.657 | 0.005 | 0.325 | 0.034 |
| (-2,0) | 0.053 | 1.283 | 0.077 | 1.620 | 0.015 | 1.8278* | -0.001 | -0.078 | 0.054 |
| (-2,1) | 0.064 | 0.849 | 0.152 | 1.7707* | 0.017 | 1.158 | 0.006 | 0.401 | 0.024 |
| (-2,2) | 0.061 | 0.735 | 0.151 | 1.584 | 0.016 | 0.949 | 0.008 | 0.449 | 0.009 |
| (-5,0) | -0.092 | -1.624 | 0.043 | 0.655 | 0.015 | 1.353 | 0.002 | 0.173 | -0.006 |
| (-5,5) | -0.085 | -0.850 | 0.156 | 1.363 | 0.002 | 0.085 | 0.009 | 0.422 | -0.022 |

(注)*10%有意、**5%有意、***1%有意、（　）内の数字は、イベント日を0日とした場合の異常収益率を累積する期間を定義している。例えば
(-1,1)であれば、イベント日の1日前から1日後までの異常収益率が累積されていることを示している。例えば(-1,1)であれば、イベント日
の1日前から1日後までの異常収益率が累積されていることを示している。

## 表 4-3 減損回数・減損額・減損規模を被説明変数とした回帰分析結果
## （製造業 n=100）

分析モデル：IMP_F/IMP_A /IMP_S=α1+α2 Size(Ln)_i+α3 Debt_i+α4 Corporation_i
+α5 Financial_i+α6 Foreigner_i+α7 Land_i++α8 Big3_i+α9 Imformaition source_i+ε_i

| | α1 | t-value | α2 | t-value | α3 | t-value | α4 | t-value | α5 | t-value |
|---|---|---|---|---|---|---|---|---|---|---|
| IMP_F | 0.127 | 2.6801*** | -0.006 | -1.157 | 0.123 | 3.1159*** | -0.095 | -2.4032** | -0.061 | -1.072 |
| IMP_A | -190921 | -9.581*** | 20116.8 | 9.7570*** | 20483.5 | 1.236 | -41532.1 | -2.4934** | -74017.6 | -3.0922** |
| IMP_S | -4.289 | -1.7280* | 0.744 | 2.8985*** | 5.226 | 2.5311** | -4.262 | -2.0541** | -4.537 | -1.522 |

| | α6 | t-value | α7 | t-value | α8 | t-value | α9 | t-value | R2 |
|---|---|---|---|---|---|---|---|---|---|
| IMP_F | 0.059 | 0.996 | 0.000 | 0.001 | -0.009 | -0.727 | 0.015 | 1.268 | 0.132 |
| IMP_A | -13884.6 | -0.555 | 12949.6 | 0.452 | -5552.8 | -1.105 | 7113.6 | 1.399 | 0.628 |
| IMP_S | 2.127 | 0.682 | 3.657 | 1.024 | 0.508 | 0.812 | 1.285 | 2.0281** | 0.273 |

IMP_F:減損回数、IMP_A:減損額、IMP_S:減損規模、Size(Ln):総資産(Ln)、Debt:有利子負債比率、Corporation:一般事業法人持株
比率、Financial:金融機関持株比率、Foreigner:外国人持株比率、Land:土地資産比率、Big3:3大監査法人ダミー、Imformaition
source:決算短信公表企業ダミー　(注)*10%有意、**5%有意、***1%有意

## 5.2　資産分類区分 [17] に係る検証結果

　仮説 2 について、表 4-4 によると、複数種類資産グループ [18] では、係数も小さく 0 付近で一定の幅での推移をしている。事業用資産グループ [19] では公表日を境にマイナス傾向の推移をしている。遊休資産グループ [20] においてはイベント期間最初の CAR −10 からマイナス傾向の推移をみせ、以後 CAR +10 までその趨勢は続いている。検定結果より、事業用資産については部分的に有意な数値が得られ、遊休資産についてはイベント期間の大部分で有意な数値が得られた。事業用資産と遊休資産の反応を比較してみると遊休資産の反応がより強く、これにより投資家は遊休資産の存在に対し、よりネガティブな反応を示していると考えられる。

**4**

遊休不動産保有の投資家評価

---

[17] 資産分類区分は企業別に有価証券報告書財務諸表等注記事項より分類した。
[18] 資産、資産グループについて異なる複数種類の資産を減損対象としている。
[19] 資産、資産グループについて事業用資産のみを減損対象としている。
[20] 資産、資産グループについて遊休資産のみを減損対象としている。

### 表 4-4　CAR(資産分類区分)に係るt検定結果(製造業)

| | 事業用資産(n=27) | | 遊休資産(n=12) | | 複数種類資産(n=49) | |
|---|---|---|---|---|---|---|
| | Coef. | t-value | Coef. | t-value | Coef. | t-value |
| CAR-10 | 0.0063 | 1.974* | −0.0031 | −0.7910 | −0.0019 | −0.8410 |
| CAR-9 | 0.0102 | 2.654** | −0.0055 | −0.8010 | 0.0007 | 0.1690 |
| CAR-8 | 0.0090 | 1.734* | −0.0082 | −1.2080 | −0.0024 | −0.5850 |
| CAR-7 | 0.0029 | 0.5680 | −0.0148 | −2.046* | −0.0067 | −1.3180 |
| CAR-6 | 0.0029 | 0.4210 | −0.0149 | −1.4790 | −0.0050 | −0.8020 |
| CAR-5 | 0.0066 | 0.9050 | −0.0185 | −1.7150 | −0.0048 | −0.8150 |
| CAR-4 | 0.0057 | 0.7140 | −0.0206 | −1.6590 | 0.0014 | 0.1500 |
| CAR-3 | 0.0046 | 0.5740 | −0.0238 | −2.064* | 0.0027 | 0.3000 |
| CAR-2 | 0.0053 | 0.6320 | −0.0297 | −2.502** | 0.0031 | 0.3530 |
| CAR-1 | 0.0071 | 0.6830 | −0.0348 | −2.556** | 0.0065 | 0.6840 |
| CAR0 | 0.0070 | 0.6540 | −0.0300 | −2.05* | 0.0044 | 0.4460 |
| CAR+1 | −0.0186 | −1.4200 | −0.0276 | −1.5110 | −0.0029 | −0.2120 |
| CAR+2 | −0.0194 | −1.4090 | −0.0331 | −1.6280 | −0.0048 | −0.3420 |
| CAR+3 | −0.0257 | −1.795* | −0.0352 | −1.828* | −0.0005 | −0.0320 |
| CAR+4 | −0.0244 | −1.833* | −0.0375 | −2.083* | −0.0050 | −0.3380 |
| CAR+5 | −0.0301 | −2.149** | −0.0343 | −1.7470 | −0.0014 | −0.0890 |
| CAR+6 | −0.0254 | −1.5870 | −0.0427 | −2.077* | 0.0000 | 0.0020 |
| CAR+7 | −0.0169 | −0.9850 | −0.0371 | −1.975* | −0.0010 | −0.0570 |
| CAR+8 | −0.0089 | −0.4920 | −0.0389 | −1.7450 | 0.0007 | 0.0390 |
| CAR+9 | −0.0126 | −0.7110 | −0.0317 | −1.1260 | 0.0025 | 0.1430 |
| CAR+10 | −0.0185 | −1.0270 | −0.0379 | −1.2190 | 0.0021 | 0.1190 |

(注)*10％水準で有意、**5％水準で有意、***1％水準で有意

## 5.3 他の検証結果

### 表4-5 CAR,AR（処分予定資産）に係るt検定結果（製造業）

| | 処分資産なし(n=93) | | 処分資産あり(n=7) | | | 処分資産なし(n=93) | | 処分資産あり(n=7) | |
|---|---|---|---|---|---|---|---|---|---|
| | Coef. | t-value | Coef. | t-value | | Coef. | t-value | Coef. | t-value |
| CAR-10 | 0.0026 | 0.7060 | -0.0028 | -1.1020 | AR-10 | 0.0026 | 0.7060 | -0.0028 | -1.1020 |
| CAR-9 | 0.0032 | 0.8600 | -0.0004 | -0.0730 | AR-9 | 0.0006 | 0.2550 | 0.0024 | 0.4800 |
| CAR-8 | 0.0018 | 0.3530 | -0.0011 | -0.2390 | AR-8 | -0.0014 | -0.5530 | -0.0007 | -0.1410 |
| CAR-7 | -0.0039 | -0.6920 | -0.0020 | -0.3550 | AR-7 | -0.0058 | -3.877*** | -0.0008 | -0.1580 |
| CAR-6 | -0.0014 | -0.1950 | -0.0150 | -2.9700 | AR-6 | 0.0025 | 1.2120 | -0.0130 | -2.189* |
| CAR-5 | -0.0010 | -0.1470 | -0.0147 | -2.385* | AR-5 | 0.0004 | 0.2510 | 0.0003 | 0.0770 |
| CAR-4 | 0.0038 | 0.4340 | -0.0077 | -0.8140 | AR-4 | 0.0048 | 1.1940 | 0.0070 | 0.8490 |
| CAR-3 | 0.0005 | 0.0650 | -0.0083 | -1.0150 | AR-3 | -0.0034 | -1.0540 | -0.0006 | -0.0680 |
| CAR-2 | 0.0011 | 0.1620 | -0.0192 | -1.985* | AR-2 | 0.0007 | 0.4440 | -0.0109 | -1.5720 |
| CAR-1 | 0.0032 | 0.4310 | -0.0140 | -1.3210 | AR-1 | 0.0021 | 1.2020 | 0.0052 | 1.1710 |
| CAR0 | 0.0021 | 0.2690 | -0.0028 | -0.1960 | AR0 | -0.0011 | -0.3910 | 0.0112 | 2.567** |
| CAR+1 | -0.0089 | -0.9400 | -0.0016 | -0.0880 | AR+1 | -0.0110 | -2.102** | 0.0011 | 0.0920 |
| CAR+2 | -0.0127 | -1.2980 | 0.0182 | 0.5940 | AR+2 | -0.0038 | -2.295** | 0.0199 | 1.4650 |
| CAR+3 | -0.0139 | -1.3980 | 0.0203 | 0.7080 | AR+3 | -0.0012 | -0.4910 | 0.0021 | 0.3630 |
| CAR+4 | -0.0157 | -1.5900 | 0.0313 | 0.9440 | AR+4 | -0.0018 | -0.8870 | 0.0110 | 1.1740 |
| CAR+5 | -0.0151 | -1.4480 | 0.0296 | 0.9480 | AR+5 | 0.0007 | 0.3300 | -0.0017 | -0.6520 |
| CAR+6 | -0.0140 | -1.2420 | 0.0195 | 0.7400 | AR+6 | 0.0010 | 0.4590 | -0.0102 | -1.5530 |
| CAR+7 | -0.0104 | -0.8940 | 0.0181 | 0.7350 | AR+7 | 0.0036 | 1.5500 | -0.0014 | -0.2050 |
| CAR+8 | -0.0075 | -0.6280 | 0.0122 | 0.4770 | AR+8 | 0.0029 | 1.1810 | -0.0059 | -0.7470 |
| CAR+9 | -0.0071 | -0.5840 | 0.0085 | 0.3390 | AR+9 | 0.0004 | 0.1730 | -0.0037 | -0.6750 |
| CAR+10 | -0.0110 | -0.9000 | 0.0046 | 0.2040 | AR+10 | -0.0039 | -2.256** | -0.0038 | -0.4890 |

（注）＊10％水準で有意、＊＊5％水準で有意、＊＊＊1％水準で有意

表4-5によると処分予定資産を含まないグループではCAR 0までは0付近で一定の幅での推移だったが、CAR 0以降でネガティブな推移を示している。一方、処分予定資産を含むグループでは公表日前のCAR +2よりポジティブな反応を示している。処分予定資産については、売却後の資金の流動化による新たな事業展開や収益性の高い資産への投資、また負債の返済による財務体質の改善等が考えられる。したがって、投資家からみた処分予定資産は、企業価値の向上に資する位置づけと考えられる。また、AR 0においてプラスに有意な数値が得られ、これにより投資家は処分予定である公表に対し情報有用性を認めていることが確認できる。

## 6. 商業に係る実証分析

前節までの検証結果より、「製造業」における資産区分の検証について、投資家はその情報に有用性を認めていることが確認できた。強く情報有用性が認められた遊休資産について「製造業」では、その多くが土地、建物等の遊休不動産であり減

4
遊休不動産保有の投資家評価

損対象となっている [21]。一方、「商業」については、半数以上を小売業が占めているため不採算店舗等が自社所有物件の場合等には、遊休状態となるリスクが高く、さらに流動化が見込めない場合には減損対象資産となる蓋然性が高い。そこで本節では土地資産等、遊休資産に焦点をあて「商業」における企業財務の視点から追加的な分析を行い業種により情報開示の有用性に異なりが認められるか検証する。

## 6.1　サンプル抽出条件

　分析対象は 2007 年から 2015 年に東京証券取引所に連続上場している減損会計適用企業とする。その中で、第一部に上場している商業である 271 社を抽出した。なお、財務データ、株価及び TOPIX については「日経 NEEDS 財務データ」「Yahoo! ファイナンス」より、持株比率データについては「会社四季報」(東洋経済新報社)より収集した。表 4-6 は「商業」に係る記述統計量を示している。

---

[21] 筆者らが実施した有形固定資産を中心とした減損会計実務についてのアンケート調査「有形固定資産の減損処理等に関するアンケート調査」JSPS 科研費(基盤C:15k03614)では、回答企業数の半数以上の割合で遊休資産が減損対象資産となっている。当該アンケートは、2017 年 7 月に東証一部製造業を対象として 800 社に送付し、そのうち回答企業数は 57 社であった。その調査結果によると、減損対象資産には遊休資産、共用資産、賃貸用資産、投資不動産(将来の値上がりを見込んで購入した土地等)、新規事業用資産等の占める割合が多い。さらに、減損会計適用資産については遊休状態となっている工場跡地、寮・社宅用地、福利厚生施設(保養所、グランド等)との回答が多かった。これらの調査結果より、製造業において減損される遊休資産は流動性の低い大規模敷地のような遊休不動産であることが示唆される。

## 表 4-6　記述統計量(商業)

n=271

| | Mean | Median | Minimun | Maximum | Std. Dev |
|---|---|---|---|---|---|
| *Size(Ln)* | 11.1904 | 11.1535 | 7.5730 | 15.8773 | 1.2360 |
| *IMP_F* | 6.4133 | 8.0000 | 1.0000 | 9.0000 | 2.7647 |
| *IMP_A* | 5574 | 1435 | 2 | 336224 | 23777 |
| *IMP_S* | 0.0451 | 0.0195 | 0.0000 | 0.6893 | 0.0849 |
| *Debt* | 0.1581 | 0.1321 | 0.0000 | 0.6318 | 0.1467 |
| *Corporation* | 0.2776 | 0.2640 | 0.0027 | 0.9089 | 0.1660 |
| *Financial* | 0.1746 | 0.1659 | 0.0040 | 0.4854 | 0.0899 |
| *Foreigner* | 0.1233 | 0.0900 | 0.0002 | 0.6253 | 0.1144 |
| *Land* | 0.1119 | 0.0857 | 0.0000 | 0.5311 | 0.0970 |
| *Big3* | 0.7823 | 1.0000 | 0.0000 | 1.0000 | 0.4135 |
| *Informaition source* | 0.8598 | 1.0000 | 0.0000 | 1.0000 | 0.3479 |

*Size(Ln)*：総資産(Ln)、*IMP_F*：減損回数、*IMP_A*：減損額、*IMP_S*：減損規模、*Corporation*：一般事業法人持株比率、*Financial*：金融機関持株比率、*Foreigner*：外国人持株比率、*Debt*：有利子負債比率、*Land*：土地資産比率、*Big3*：3大監査法人ダミー、Informaition source：決算短信公表企業ダミー

## 6.2　分析方法

「製造業」に係る分析同様のイベント・スタディを採用し、減損損失の情報開示が株価に与える影響を検証する。また、回帰分析についても同様の(5)式および(6)式に基づいた回帰分析を行う。

## 7.　分析結果(商業)

### 7.1　有利子負債比率に係る検証結果

　表4-7によるとイベント期間内(-1,0)(-2,0)(-2,1)(-2,2)(-5,0)(-5,5)において有意な数値が得られており、有利子負債比率の高い企業ほどプラスとなる傾向を示し、有利子負債比率の高さと短期株価変動に正の相関を示唆する結果となった。また、表4-8の回帰分析結果では、有意な数値は得られなかったが、有利子負債比率の高い企業ほど減損回数が多く、減損規模が小さくなる傾向を示した。有利子負債比率の高い企業ほど、利益の安定化を図り頻繁に規模の小さな減損処理をする事で含み損を解消させているため、投資家はポジティブに反応を示していると考えられる。

## 表 4-7　CAR を被説明変数とした回帰分析結果（商業 n=254）

分析モデル：$CAR(a,b)\_i = \alpha 1 + \alpha 2\ Size(Ln)\_i + \alpha 3\ Debt\_i + \alpha 4\ Corporation\_i + \alpha 5\ Financial\_i + \alpha 6\ Foreigner\_i + \alpha 7\ Land\_i + + \alpha 8\ Big3\_i + \alpha 9\ Imformaition\ source\_i + \varepsilon\_i$

| | α1 | t-value | α2 | t-value | α3 | t-value | α4 | t-value | α5 | t-value |
|---|---|---|---|---|---|---|---|---|---|---|
| (-1,0) | 0.021 | 1.073 | -0.002 | -1.029 | 0.024 | 1.7772* | -0.016 | -1.201 | -0.009 | -0.369 |
| (-1,1) | -0.022 | -0.637 | 0.002 | 0.669 | 0.039 | 1.629 | -0.021 | -0.927 | -0.038 | -0.857 |
| (0,1) | -0.018 | -0.541 | 0.002 | 0.450 | 0.025 | 1.059 | -0.011 | -0.486 | -0.011 | -0.258 |
| (-2,0) | 0.015 | 0.711 | -0.002 | -0.738 | 0.028 | 1.8532* | -0.018 | -1.228 | -0.024 | -0.865 |
| (-2,1) | -0.027 | -0.785 | 0.003 | 0.776 | 0.043 | 1.7580* | -0.023 | -1.002 | -0.053 | -1.172 |
| (-2,2) | -0.025 | -0.583 | 0.002 | 0.439 | 0.065 | 2.1028** | -0.030 | -1.032 | -0.066 | -1.160 |
| (-5,0) | 0.003 | 0.143 | -0.002 | -0.622 | 0.038 | 2.2345** | -0.016 | -0.968 | -0.007 | -0.241 |
| (-5,5) | -0.085 | 1.7504* | 0.007 | 1.318 | 0.066 | 1.9189* | -0.021 | -0.648 | -0.088 | -1.397 |

| | α6 | t-value | α7 | t-value | α8 | t-value | α9 | t-value | R2 |
|---|---|---|---|---|---|---|---|---|---|
| (-1,0) | 0.016 | 0.718 | -0.007 | -0.390 | 0.006 | 1.337 | 0.004 | 0.678 | 0.005 |
| (-1,1) | 0.007 | 0.189 | -0.020 | -0.668 | 0.003 | 0.320 | 0.004 | 0.448 | -0.010 |
| (0,1) | 0.003 | 0.082 | -0.029 | -1.033 | 0.001 | 0.143 | 0.004 | 0.419 | -0.020 |
| (-2,0) | 0.007 | 0.290 | -0.008 | -0.405 | 0.008 | 1.644 | 0.006 | 1.012 | 0.010 |
| (-2,1) | -0.001 | -0.035 | -0.021 | -0.690 | 0.005 | 0.587 | 0.007 | 0.689 | -0.005 |
| (-2,2) | 0.006 | 0.130 | -0.019 | -0.507 | 0.009 | 0.847 | 0.013 | 1.121 | 0.003 |
| (-5,0) | 0.025 | 0.913 | -0.025 | -1.213 | 0.012 | 2.0710** | 0.010 | 1.455 | 0.028 |
| (-5,5) | 0.024 | 0.445 | -0.017 | -0.401 | 0.015 | 1.340 | 0.012 | 0.900 | 0.012 |

(注)＊10％有意、＊＊5％有意、＊＊＊1％有意、（ ）内の数字は、イベント日を0日とした場合の異常収益率を累積する期間を定義している。例えば(-1,1)であれば、イベント日の1日前から1日後までの異常収益率が累積されていることを示している。例えば(-1,1)であれば、イベント日の1日前から1日後までの異常収益率が累積されていることを示している。

## 表 4-8　減損回数・減損額・減損規模を被説明変数とした回帰分析結果（商業 n=271）

分析モデル：$IMP\_F / IMP\_A / IMP\_S = \alpha 1 + \alpha 2\ Size(Ln)\_i + \alpha 3\ Debt\_i + \alpha 4\ Corporation\_i + \alpha 5\ Financial\_i + \alpha 6\ Foreigner\_i + \alpha 7\ Land\_i + + \alpha 8\ Big3\_i + \alpha 9\ Imformaition\ source\_i + \varepsilon\_i$

| | α1 | t-value | α2 | t-value | α3 | t-value | α4 | t-value | α5 | t-value |
|---|---|---|---|---|---|---|---|---|---|---|
| IMP_F | 0.332 | 0.190 | 0.614 | 3.3138*** | 0.119 | 0.096 | 0.576 | 0.493 | -4.178 | -1.9144* |
| IMP_A | -102639.8 | -7.3204*** | 11446.5 | 7.6901*** | -6556.7 | -0.662 | -24997.6 | -2.6637*** | -25403.0 | -1.449 |
| IMP_S | 0.247 | 437679*** | -0.013 | -2.3480** | -0.022 | -0.591 | -0.006 | -0.163 | -0.134 | -2.0719** |

| | α6 | t-value | α7 | t-value | α8 | t-value | α9 | t-value | R2 |
|---|---|---|---|---|---|---|---|---|---|
| IMP_F | 1.644 | 0.842 | 2.246 | 1.285 | 0.022 | 0.056 | -0.830 | -1.7351* | 0.068 |
| IMP_A | -49715.8 | -3.1697*** | -4198.2 | -0.299 | 2355.048 | 0.733 | -3146.447 | -0.820 | 0.188 |
| IMP_S | -0.042 | -0.722 | 0.110 | 2.1218** | 0.004 | 0.312 | -0.045 | -3.1973*** | 0.131 |

IMP_F：減損回数、IMP_A：減損額、IMP_S：減損規模、Size(Ln)：総資産（Ln）、Debt：有利子負債比率、Corporation：一般事業法人持株比率、Financial：金融機関持株比率、Foreigner：外国人持株比率、Land：土地資産比率、Big3：3大監査法人ダミー、Imformaition source：決算短信公表企業ダミー　(注)＊10％有意、＊＊5％有意、＊＊＊1％有意

## 7.2　資産分類区分に係る検証結果

　表 4-9 によると、事業用資産グループでは、係数も小さく 0 付近で一定の幅での推移をしており、複数種類資産グループでは公表日以降プラスの推移をしている。遊休資産グループにおいてはイベント期間最初の CAR -10 からプラス傾向の推移をみせ、以後 CAR +10 までプラス傾向は続いている。検定結果より、有意な数値は得られていないが、投資家は商業に係る遊休資産についてはポジティブに反応している。これらの遊休不動産は都市部に多くみられる流動性が高い資産のためと考え

られる。

表 4-9　CAR（資産分類区分）に係るt検定結果（商業）

| | 事業用資産(n=135) | | 遊休資産(n=36) | | 複数種類資産(n=68) | |
|---|---|---|---|---|---|---|
| | Coef. | t-value | Coef. | t-value | Coef. | t-value |
| CAR-10 | -0.0020 | -2.442** | 0.0028 | 1.1960 | -0.0024 | -1.698* |
| CAR-9 | -0.0025 | -1.5920 | 0.0050 | 1.0390 | -0.0038 | -2.235** |
| CAR-8 | -0.0026 | -1.5010 | 0.0079 | 1.1030 | -0.0071 | -2.858*** |
| CAR-7 | -0.0024 | -1.1500 | 0.0072 | 1.0170 | -0.0070 | -2.566** |
| CAR-6 | 0.0008 | 0.3320 | 0.0081 | 0.9410 | -0.0056 | -1.6260 |
| CAR-5 | -0.0001 | -0.0250 | 0.0120 | 1.3900 | -0.0023 | -0.5850 |
| CAR-4 | -0.0008 | -0.2780 | 0.0066 | 0.7910 | -0.0014 | -0.3340 |
| CAR-3 | -0.0008 | -0.2710 | 0.0082 | 1.0270 | -0.0012 | -0.2760 |
| CAR-2 | -0.0011 | -0.3410 | 0.0049 | 0.5700 | -0.0028 | -0.5490 |
| CAR-1 | 0.0009 | 0.2620 | 0.0174 | 1.3660 | 0.0003 | 0.0540 |
| CAR0 | 0.0046 | 1.1190 | 0.0163 | 1.3920 | 0.0000 | 0.0040 |
| CAR+1 | 0.0021 | 0.4380 | 0.0150 | 1.1100 | 0.0017 | 0.2120 |
| CAR+2 | 0.0040 | 0.7130 | 0.0180 | 0.9580 | 0.0040 | 0.4390 |
| CAR+3 | 0.0021 | 0.3390 | 0.0145 | 0.7660 | 0.0059 | 0.6180 |
| CAR+4 | 0.0021 | 0.3430 | 0.0136 | 0.6780 | 0.0099 | 0.9960 |
| CAR+5 | 0.0009 | 0.1580 | 0.0136 | 0.6850 | 0.0091 | 0.8930 |
| CAR+6 | 0.0031 | 0.5010 | 0.0126 | 0.6390 | 0.0089 | 0.8780 |
| CAR+7 | 0.0022 | 0.3310 | 0.0063 | 0.3050 | 0.0100 | 0.9190 |
| CAR+8 | 0.0003 | 0.0470 | 0.0056 | 0.2640 | 0.0089 | 0.8140 |
| CAR+9 | -0.0007 | -0.0930 | 0.0068 | 0.3020 | 0.0101 | 0.9270 |
| CAR+10 | -0.0022 | -0.3050 | 0.0081 | 0.3680 | 0.0099 | 0.9200 |

（注）*10％水準で有意、**5％水準で有意、***1％水準で有意

4

遊休不動産保有の投資家評価

## 表4-10　CAR,AR(処分予定資産)に係るt検定結果(商業)

| | 処分資産なし(n=231) | | 処分資産あり(n=23) | | | 処分資産なし(n=231) | | 処分資産あり(n=23) | |
|---|---|---|---|---|---|---|---|---|---|
| | Coef. | t-value | Coef. | t-value | | Coef. | t-value | Coef. | t-value |
| CAR-10 | -0.0005 | -0.6620 | 0.0034 | 0.6410 | AR-10 | -0.0005 | -0.6590 | 0.0034 | 0.6410 |
| CAR-9 | -0.0020 | -1.657* | 0.0004 | 0.0980 | AR-9 | -0.0015 | -1.639* | -0.0030 | -1.3210 |
| CAR-8 | -0.0024 | -1.5460 | -0.0032 | -0.8450 | AR-8 | -0.0003 | -0.3530 | -0.0036 | -1.716* |
| CAR-7 | -0.0022 | -1.3030 | -0.0001 | -0.0160 | AR-7 | 0.0002 | 0.2050 | 0.0032 | 1.2470 |
| CAR-6 | 0.0009 | 0.4200 | -0.0007 | -0.1370 | AR-6 | 0.0031 | 3.007*** | -0.0006 | -0.2390 |
| CAR-5 | 0.0014 | 0.6490 | 0.0044 | 0.6060 | AR-5 | 0.0006 | 0.7080 | 0.0051 | 1.0790 |
| CAR-4 | -0.0003 | -0.1220 | 0.0064 | 0.6590 | AR-4 | -0.0017 | -2.11** | 0.0020 | 0.2840 |
| CAR-3 | 0.0004 | 0.2040 | 0.0080 | 0.7450 | AR-3 | 0.0007 | 0.7270 | 0.0016 | 0.6550 |
| CAR-2 | 0.0005 | 0.1970 | 0.0047 | 0.4070 | AR-2 | 0.0000 | 0.0290 | -0.0034 | -1.2140 |
| CAR-1 | 0.0053 | 1.697* | 0.0070 | 0.6390 | AR-1 | 0.0048 | 2.966*** | 0.0023 | 0.9750 |
| CAR0 | 0.0070 | 2.071** | -0.0042 | -0.3970 | AR0 | 0.0018 | 1.2840 | -0.0112 | -1.5540 |
| CAR+1 | 0.0052 | 1.1300 | -0.0088 | -0.8280 | AR+1 | -0.0019 | -0.6220 | -0.0045 | -0.7140 |
| CAR+2 | 0.0080 | 1.4020 | -0.0094 | -0.8960 | AR+2 | 0.0028 | 1.4310 | -0.0006 | -0.1790 |
| CAR+3 | 0.0054 | 0.8920 | -0.0137 | -1.3220 | AR+3 | -0.0027 | -2.166** | -0.0043 | -0.9940 |
| CAR+4 | 0.0061 | 0.9820 | -0.0105 | -0.9330 | AR+4 | 0.0007 | 0.5780 | 0.0032 | 0.8670 |
| CAR+5 | 0.0064 | 1.0300 | -0.0104 | -0.8770 | AR+5 | 0.0003 | 0.2460 | 0.0001 | 0.0400 |
| CAR+6 | 0.0076 | 1.2280 | -0.0113 | -0.9230 | AR+6 | 0.0013 | 1.1980 | -0.0009 | -0.3940 |
| CAR+7 | 0.0092 | 1.3800 | -0.0153 | -1.1150 | AR+7 | 0.0015 | 1.5090 | -0.0039 | -1.4800 |
| CAR+8 | 0.0059 | 0.8950 | -0.0163 | -1.2070 | AR+8 | -0.0032 | -3.977*** | -0.0011 | -0.4960 |
| CAR+9 | 0.0049 | 0.7100 | -0.0133 | -0.9860 | AR+9 | -0.0011 | -1.0170 | 0.0030 | 0.8500 |
| CAR+10 | 0.0037 | 0.5500 | -0.0148 | -0.9960 | AR+10 | -0.0012 | -1.0520 | -0.0015 | -0.5860 |

(注)*10%水準で有意、**5%水準で有意、***1%水準で有意

　表4-10によると処分予定資産を含まないグループではCAR -2までは0付近で一定の幅での推移だったが、CAR -1以降でポジティブな推移を示している。一方、処分予定資産を含むグループでは公表日前のCAR -1よりネガティブな反応を示している。処分予定資産については、その資産内容が倉庫や賃貸不動産等が多く、ニーズの高い物件やキャッシュ・フローを生み出している資産であるため、それらを処分することに対し投資家はネガティブな反応を示しているものと考えられる。

## 8.　業種の違いに基づいた比較考察

　本節では、前節までの分析結果に基づいて「製造業」と「商業」の特性について考察する。前節までの分析において明らかになったのは以下のとおりである。

「製造業」について

・有利子負債比率の高さと短期株価変動には負の相関があり、有利子負債比率の高い企業ほど減損回数が多くなり、減損規模も大きくなることを示唆する結果となった。

・投資家は遊休資産の存在にネガティブな反応を示した。
・処分予定（売却）資産を含む資産についてはポジティブな反応を示した。

「商業」について

・有利子負債比率の高さと短期株価変動には正の相関があった。
・投資家は遊休資産についてポジティブな反応を示した。
・処分予定（売却）資産を含む資産についてはネガティブな反応を示した。



図 4-1 有利子負債比率分布

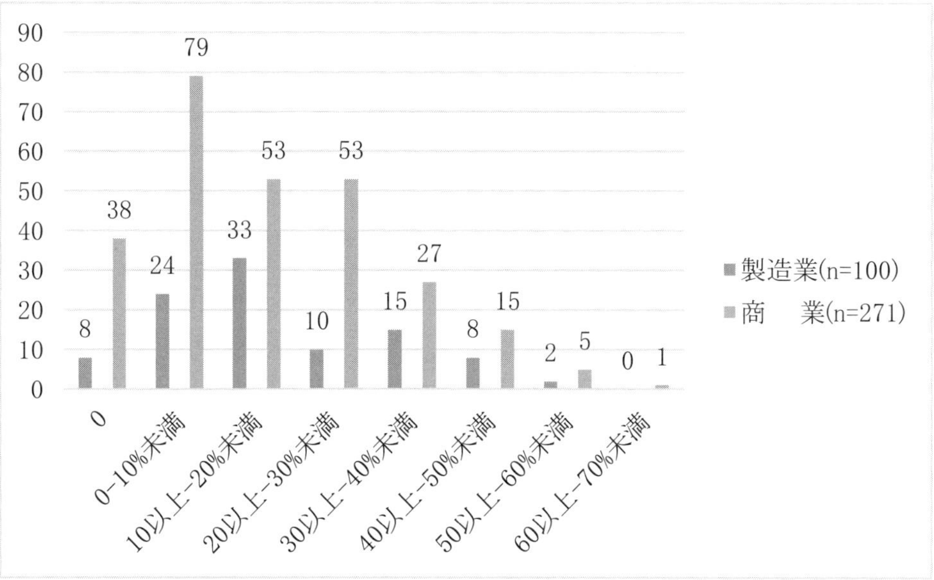


図 4-1 の有利子負債比率分布によると有利子負債比率 20%未満の企業数割合は「製造業」では全体の 32%であるのに対し「商業」においては 43.2%である。また、有利子負債比率 30%以上の企業数割合は「製造業」では全体の 25%であるのに対し「商業」においては 17.7%である。さらに、有利子負債のない企業では「製造業」が全体の 8%「商業」においては全体の 14%となっている。また、表 4-1 及び表 4-6 より「製造業」における有利子負債比率の平均値は 18.1%、中央値は 16.5%であるのに対し「商業」では平均値が 15.8%、中央値が 13.2%である。以上のように有利

子負債比率は「製造業」に比較して「商業」が低い傾向にある。

　以上の一連の結果により「製造業」については有利子負債比率が高い傾向にあり（図 4-1）、減損をすることにより財務的にも負債比率を高めるため投資家はネガティブな反応を示しているものと考えられる。また、「製造業」における遊休不動産は、地方圏に所在する工場跡地が多く、大規模敷地であることや土壌汚染のリスク等から流動性が低い不動産となっている。しかし、そのような流動性の低い不動産について処分予定（売却）資産として開示されることで負債等の圧縮により財務基盤の安定性の向上が期待できるため投資家はポジティブに反応しているものと考えられる。

　一方、「商業」については有利子負債比率のない企業が低い傾向にあり（図 4-1）、減損をすることにより従前の含み損を解消し将来の減損リスクが低くなるため投資家はポジティブな反応を示しているものと考えられる。また、「商業」における遊休不動産の多くは都市部に所在し流動性の高い不動産となっている。しかし、そのような不動産には店舗や賃貸資産等の潜在的にキャッシュ・フローを生み出すものが多数の割合を占めている。したがって処分予定（売却）資産として開示されることで投資家は事業基盤の縮小から収益性や成長性低下リスクに対しネガティブな反応を示しているものと考えられる。

　以上のように「製造業」と「商業」の間には資産の特性にも着目している投資家行動に差異が観察された。業種による財務体質の違いから、「製造業」について投資家は、有利子負債比率の高さにくわえ流動性の低い遊休資産の存在を深刻にとらえているものと考えられる。一方で「商業」について、遊休資産は流動性の高いものが多数の割合を占めているため有利子負債比率の高さとの関係性が投資家行動へ与える影響は小さいものと考えられる。

## 9.　まとめ

　本稿の目的は、「製造業」と「商業」を対象に減損損失の開示情報が株式市場に与える影響を明らかにし、企業不動産情報の開示内容を検討することであった。分析の結果、「製造業」と「商業」の間には、有利子負債比率や遊休資産、処分予定（売却）資産に情報有用性の差異が観察されたことにより、遊休不動産情報と財務特性との関連性が示唆された。

　本稿の主要な貢献は減損損失の開示内容を検証することによる遊休不動産に対し投資家は高い情報有用性を認めている事の発見である。企業の保有する資産の効率的な活用状況の把握や企業価値の評価等に資するものと考える。

　近年、社会問題化している空き家・空き地等の遊休不動産は特に地方都市に多数存在し、地域社会への外部不経済等の影響度が高いものである。したがって、地方都市における企業が保有する遊休不動産等の利活用が空き家・空き地問題の解決策につながるものと考えられる。

　なお、遊休不動産については事業ポートフォリオの再編や本業に係る資産のなかで老朽化に伴い遊休化したものが一定割合を占めていると考えられる。

※　本研究は JSPS 科研費（基礎研究−C：15k03614）の助成を受けたものです。

4

遊休不動産保有の投資家評価

## 《参考文献》

[1]Bunsis, H.(1997) "A Description and Market Analysis of Write-off Announcements,"Journal of Business Finance&Accounting ,24(9&10), pp.1385-1400.

[2]Chao, C. L.(2006)"An examination of SFAS No.35: Adoption timing motives, write-off characteristics, and market reaction,"The International Journal of Accounting  Studies, Special Issue, pp.77-120.

[3]Elliott, J., and W. Shaw.(1988)"Write-offs as Accounting Procedures to Manage Perceptions,"Journal of Accounting Research ,26(Supplement), pp.91-119.

[4]Francis, J., D. Hanna, and L. Vincent(1996) "Causes and Effects of Discretionary Asset Write-Offs,"Journal of Accounting Research ,34(Supplement), pp.117-134.

[5]Minnick, Kristina,(2011)"The role of corporate governance in the write-off decision,"Review of Financial Economics ,20(4), pp.130-145.

[6]Paugam, L., and O. Ramond(2015)"Effect of Impairment-Testing Disclosures on the Cost of Equity Capital,"Journal of Business Finance and Accounting ,42(5&6), pp.583-618.

[7]Riedl, E. J.(2004)"An Examination of Long-lived Asset Impairments,"The Accounting Review ,79(3), pp.823-852.

[8]Sharp, I. G. and R. G. Walker(1975)"Asset Revaluations and Stock Market Prices," Journal of Accounting Research, Autumn, pp.293-310.

[9]Standish, P. E. M. and S. I. Ung(1982)"Corporate Signaling, Asset Revaluations and the Stock Prices of British Companies,"The Accounting Review ,57(4), pp.701-715.

[10]Storong, J. S. and J. R. Meyer.(1987)"Asset Writedown : Managerial Incentives and Security Returns,"Journal of Finance ,42(3), pp.643-661.

[11]Zucca, L. J. and D. R. Campbell(1992)"A Closer Look at Discretionary Writedowns of Impaired Assets,"Accounting Horizons ,6(2), pp.30-41.

[12]榎本正博(2007)「減損会計基準の適用における利益マネジメント―早期適用企業を用いた分析―」『管理会計学』,第 15 巻第 2 号,pp.41-56.

[13]勝田英紀・馬文傑・大川雅也(2008)「減損会計基準の早期適用の株価効果分析」『大阪大学経済学』,第 57 巻第 4 号,pp.46-61.

[14]木村晃久(2015)「減損損失の認識頻度とタイミングの企業間差異」『横浜経営研究』,第 36 巻第 1 号,pp.105-132.

[15]国土交通省(2014)「地方都市における遊休不動産の利活用促進に関する調査」http://tochi.mlit.go.jp/wpcontent/uploads/2014/06/d847b30d34f5c51a2a885bbeb90a3fa4.pdf

[16]胡丹・車戸祐介(2012)「日本における減損会計に関する実証分析」『会計プログレス』,第 13 巻,pp.43-58.

[17]小林直樹(2008)「減損会計に関する実証研究:早期適用企業群と強制適用企業群に対する株価反応を中心として」,東北大学大学院博士論文

[18]藤山敬史(2014)「固定資産の減損損失の適時性」『インベスター・リレーションズ』,第 8 巻,pp.3-25.

[19]三輪一統・田口聡志・藤山敬史(2016)「減損会計と透明性:経営者と監査人における意見対立の開示効果の実験」,日本会計研究学会第 75 回大会報告論文

[20]向伊知郎(2008)「減損会計基準の適用に伴う市場の反応と財務情報への影響」『會計』,第 174 巻第 4 号,pp.584-594.

[21]山本卓(2005)「減損会計早期適用企業にみる裁量行動」『季刊不動産研究』,第 47 巻第 3 号,pp.33-43.

[22]山本卓(2015)『投資不動産会計と公正価値評価』,創成社

（古川　傑, 山本　卓）

遊休不動産保有の投資家評価

# 第5章 工場跡地の自社開発

## 1. はじめに

　近年、企業不動産と環境との関係が注目され、土壌汚染、アスベスト、$CO^2$排出等、企業不動産に起因する環境問題も多い。企業不動産を取り巻く環境の変化にともない、企業価値を向上させる経営資源として、最適かつ効率的に運用するだけではなく、所有者責任の観点から適切な管理および環境面に配慮した積極的な取組み姿勢が求められている。企業が CSR[①]（社会的責任）の視点を持たない場合には、様々なステークホルダーの信頼を損ない、社会的・経済的な損失等の企業価値を損なうリスクを被ることになる。したがって、企業不動産マネジメントには、環境面への配慮、地域社会への貢献などの観点も必要である。

　不動産に関する保有やマネジメントの考え方は日々変化し、資産の有効活用や業務効率の向上等の観点から、資産の保有形態や管理体制等を戦略的に見直す企業不動産戦略の実施が進展している。企業不動産戦略は、経営の安定、事業価値の向上、コスト削減等、様々な要素が効果として挙げられる。それらの効果は、各企業それぞれ異なるが、企業価値の向上に資するもののほかに、社会的な側面からの効果も考えられる。企業が保有する不動産は、他の資産と異なり、公共性・外部性を有しており、必然的にその責務を負うことになる。

　また、企業の保有する不動産のうち特に遊休不動産は、生活環境への影響を及ぼすものであり、企業活動において収益性の低下等により遊休化した不動産は、その地域周辺の経済活力への影響、さらには土壌汚染問題等による流動化リスク等の外部不経済を生じる存在になっている。そのような中、国や地方公共団体が日本

---

[①] Corporate Social Responsibility の略。企業が自社の利益のみ追求するのではなく、全てのステークホルダーを視野に経済・環境・社会などの幅広い分野での社会全体のニーズの変化をとらえ、それらを価値創造や市場創造に結びつけることによって、企業の競争力強化や持続的発展とともに経済全体の活性化やより良い社会づくりを目指す自発的な取組み。

の経済成長にむけて遊休不動産の利活用に取り組んでいるが、その効果は限定的である。[2]　したがって、企業活動における遊休不動産のあり方が重要な役割を果たすものと考える。

　前述のとおり、不動産に関する保有やマネジメントの考え方は日々変化し、2015年には環境省が「持続可能性を巡る課題を考慮した投資に関する検討会（ESG 検討会）」を設置し、「ESG 解説書」を公表した。「ESG 解説書」では、ESG の意義や課題・取組みの方向性が記載され、これら ESG の要素を取り入れた経営は ESG 経営とされ、現在では ESG 経営が浸透してきている。また、2019 年には、国土交通省が「ESG 不動産投資のあり方検討会　中間とりまとめ　～我が国不動産への ESG 投資[3]の促進に向けて～」を公表し、ESG 不動産投資の今後の方向性や課題を示した。そこでは、日本において ESG 不動産投資が主流化していくために、各企業の情報開示のあり方やガバナンスの確保、認証制度のさらなる普及に加え、環境要素だけではなく、地域活性化や高齢化への対応等の社会要素への取組強化を課題として指摘している。また、ESG 投資の重要な点は、不動産の開発・運用や投資が社会や環境に影響を与え、それが企業の財務的な収益や中長期的なパフォーマンスに影響を与えるという考え方としている。[4]

　本稿では、遊休不動産開発に取組みをみせる企業を対象として事例分析を行う。具体的には、一般的に CSR 評価が高く、先進的に ESG 経営への取組みをみせて

---

[2]　国土交通省が進める「土地・不動産の最適活用による生産性革命」では、様々な施策を打ち出し、遊休不動産、空き家・空き地について流動化等を通じた有効活用を図り、需給のミスマッチの解消、新たな需要の創出等を検討している。

[3]　ESG 投資は、従来の財務情報だけではなく、環境（Environment）、社会（Social）、ガバナンス（Governance）要素も考慮した投資のことを指す。気候変動などを念頭においた長期的リスクマネジメントや、企業の新たな収益創出の機会を評価するベンチマークとして、持続可能な開発目標（SDGs）と合わせて注目される。

[4]　「ESG 不動産投資のあり方検討会　中間とりまとめ　～我が国不動産への ESG 投資の促進に向けて～（2019）」では、SDGs の各ゴールを経済、社会、環境のレイヤーで整理した場合、不動産については、不動産の環境に係る取組が主に環境・社会に寄与し、社会に係る取組が主に経済・社会に寄与し、ガバナンスに係る取組が環境や社会の取組みの基盤として位置づけられている。

いるパナソニックのサスティナブル・スマートタウンプロジェクトの事例を取り上げ [⑤]、業績数値および地域社会への影響を検討し、合理的な企業不動産戦略手法を模索する。

## 2. 企業不動産戦略の概略

企業不動産戦略とは、企業不動産について企業価値向上の観点から、経営戦略の視点に立って見直しを行い、不動産投資の効率性を最大限向上させていこうという考え方である。この考えは、日本において、2000 年代に入ってから取り入れられ、多くの企業で CRE（企業不動産）担当部署が発足し、一定の成果を挙げてきているといわれる。

これまでの日本では、1950 年代から 1980 年代にかけ高い経済成長を続けるなか、不動産は保有していればその価値は上がるものとして考えられ、不動産を保有することは企業にとってステータスとなり、資金運用の一環として活用されてきた。しかし、1990 年代に入りバブルは崩壊し企業では早急な財務体質の改善を迫られ、保有不動産の売却が進められてきた。この時点では、不動産を経営的な視点から戦略的に有効活用するという側面に乏しいものであったが、その後、不動産の有効活用という考えが出てくると、自社資産のセールアンドリースバックによるオフバランス化等、不動産運用手法が広がりをみせ、2008 年には、合理的な CRE 戦略の推進に関する研究会（CRE 研究会）により「CRE 戦略を実践するためのガイドライン」が公表された。ここでは、CRE 戦略を「企業価値向上の観点から経営戦略視点に立って見直しを行い、不動産投資の効率性を最大限向上させていこうという考え方を示す

---

⑤ 当該事例は、関東圏に所在する自社工場跡地を活用した大規模な遊休不動産開発であり、関東圏に所在する自社工場跡地を活用した開発では他にみられない先駆的なものである。当該企業では、第一弾の藤沢 SST に続き、第二弾の綱島 SST、第三弾の吹田 SST と自社所有の遊休不動産開発に取り組んできている。筆者が調査した限りでは、10 年前に限定すると当時の遊休地開発事例において、遊休地を購入して開発する企業の事例はみられたが、「自社の遊休地」を活用した事例は見られず、自社遊休地を活用した開発事例としては先駆的なものと考える。また、当該企業は東証一部上場企業であり、業績数値等の把握が可能なため対象事例として採用した。

もの」と定義した上で、企業会計制度や会社法制への対応と実施体制の構築、不動産の評価・分析の必要性等を示し、CRE 戦略の普及を後押ししてきた。しかしながら、各企業の CRE 戦略は、不動産売却などによる短期的収益獲得の機会として捉えられている側面もあり、本来、CSR（企業の社会的責任）としての CRE 戦略を位置づけるべきだったものを変質させてしまった可能性があると指摘されている。[6]　CSR が重視されるようになり、工場跡地等の遊休不動産を保有している場合には、アスベストや土壌汚染等が深刻化しているケースもあり、適切な管理がなされていない場合には、企業にとって社会的な信用を落としかねない。また、昨今では、ESG に対する企業への期待や要請が世界的に高まりをみせ、企業の将来性を見据えた ESG 投資も浸透してきている。また、ESG 投資が盛んになってきた背景として、地球環境問題や少子高齢化問題等の解決が不動産価値に直接的に結びつけるものとして考えられるようになってきているからである。企業不動産の投資判断として重要視されてきている ESG 要素や CSR としての視点が今後の企業不動産戦略には重要なものと考える。また、現在の日本では時代の変遷によりフロー型社会からストック型社会へと変貌を遂げ、総合的に不動産を評価するようになってきている。そのような中で、企業活動における遊休不動産はストック型社会において、その利活用方法等、遊休不動産のあり方が今後の企業価値を左右するものと考える。

## 3.　パナソニックの遊休不動産開発事例

### 3.1　Fujisawa サスティナブル・スマートタウンプロジェクトの概要

　　藤沢 SST の対象地区は、神奈川県藤沢市辻堂に存する約 19ha のパナソニックグループの工場跡地である。当該土地は 1961 年に旧松下電器産業が主要工場として長期間稼働してきたが、2006 年以降の事業構造改革による国内生産拠点の再編にともない遊休化した工場跡地である。この地区は、JR・小田急「藤沢駅」から西

---

[6]「ESG 不動産投資のあり方検討会　中間とりまとめ　～我が国不動産への ESG 投資の促進に向けて～（2019）」では、この原因として、不動産活用を検討する部局と財務部局の意思決定が統合化できてないことのほか、数値的に表現しやすい短期利益目標などに活用のあり方が変質したため、本来、CSR（企業の社会的責任）としての CRE 戦略を位置づけるべきだったものを変質させてしまった可能性があると指摘されている。

約 3 km、JR「辻堂駅」から東約 2 km に位置し、北に JR 東海道本線、南に県道戸塚茅ヶ崎線、東側には引地川を配する。用途地域は第一種住居地域を主として、一部、準住居地域が指定され低層住居系の用途地域が指定されている地区である。自然豊かで商業・文教施設に恵まれた湘南藤沢エリアに立地している。

パナソニックが進める CRE 戦略に基づき、この工場跡地を活用したサスティナブル・スマートタウンプロジェクトで、「財務貢献」「事業貢献」「地域貢献」を目指し、藤沢市と官民連携プロジェクトとして 2010 年 11 月に共同調印を実施している。パナソニック他民間企業と藤沢市による公民連携の「Fujisawa サスティナブル・スマートタウン」構想を協議して策定し、低炭素化を推進する環境創造型まちづくり拠点として整備することに合意した。また、藤沢市は都市マスタープランにおいて、当該地区を「低炭素社会構築に向け環境共生型の都市づくりを推進する地区」として位置づけるとともに、周辺地域の土地構造の強化に貢献する公共施設の整備と、多様な機能を持つ土地利用への転換を誘導する宅地の整備を行うことにより、環境負荷のない持続可能な市街地の形成に寄与することを目的として施行している。

藤沢 SST は、藤沢市の行政目標や地域課題、市街地特性等を踏まえ、エネルギーソリューションやスマート HEMS 技術を駆使した、持続可能な低炭素まちづくりを目指している。地区計画方針においては、サスティナブル・スマートタウンとしての環境配慮型の方針を定めるとともに、住宅戸数約 1000 戸、商業施設、福祉・教育・健康施設など複数の生活支援機能を有する街となっている。[⑦]

都市基盤整備の事業方式は、個人施行型土地区画整理事業の同意施行方式である。2012 年に土地区画整理事業の認可を受け施行開始し、2014 年 3 月戸建住居の入居開始し、2014 年 10 月に商業施設「湘南 T-SITE」オープン、2016 年 9 月健康・福祉・教育施設「Wellness SQUARE 南館」オープン、2016 年 11 月次世代物流センター「Next Delivery SQUARE」、2017 年 4 月に健康・福祉・教育施設「Wellness SQUARE 北関」がオープンしている。

藤沢 SST は、従来のスマートタウンと比較すると街づくりの発想とプロセスが異なり、従来のスマートタウンは最初にインフラの構築から始まり、家や施設の空間設計、

---

⑦ 現在は 561 戸の住宅だが今後 400 戸の集合住宅が開発予定となっている。

そして最後に住人サービスを考える。一方、藤沢 SST は、最初に住人サービスを中心としたスマートライフ（エネルギー、セキュリティ等）を提案し、次に家や施設の空間設計、最後にスマートインフラの最適構築を行っている。藤沢 SST では、街のコンセプトや目標の実現へ向けガイドラインを定め、各種サービスを提供し、更に持続的な実現へむけて、2013 年 3 月に Fujisawa SST マネジメント㈱を設立している。この事業会社により、街の多様な維持・管理・保守サービス事業や新たな事業づくりを進めている。[8]　また、事業領域の幅広いパナソニックでは、その関係性からパナソニックの進めるプロジェクトへの理解、新規性や発展性などを考慮し協業企業を募り、行政、住民と多業種 18 団体が連携し街づくりを推進している。[9]　各企業それぞれの役割に加え[10]、協業企業の獲得、新規事業の創出、新規事業の実践等を目的として当該プロジェクトへ参画し、こうした取組みの中から、新規事業の創出へ展開しているものもある。例えば、物流事業者では、ヤマト運輸とオンデマンド配送サービス

---

[8]　Fujisawa SST マネジメント㈱の出資比率は、パナソニック株式会社 35.5%　パナソニックホームズ株式会社 14.5%　三井不動産レジデンシャル株式会社 14.5%　三井物産株式会社 8.0%　株式会社電通 7.5%　株式会社日本設計 5.0%　東京ガス株式会社 5.0%　東日本電信電話株式会社 5.0%　三井住友信託銀行株式会社 5.0%である。Fujisawa SST マネジメント㈱によると、パナソニックと市の企画制作部をまじえた会議や提携企業と定期的にワーキングを行い持続可能な街づくりに取り組んでいる。

[9]　行政では（藤沢市、慶応義塾大学）、事業者では、電機メーカー（パナソニック）デベロッパー（三井不動産グループ、パナソニックホームズ）ガス事業者（東京ガス）通信事業者（NTT 東日本）警備事業者（ALSOK）商業事業事業者（カルチュア・コンビニエンス・クラブ）モビリティ事業者（サンオータス）教育・福祉事業者（学研グループ）金融事業者（三井住友信託銀行）社会福祉法人（湖山医療福祉グループ）広告代理店（電通）調剤薬局事業者（アインファーマシーズ）コンサルタント（アクセンチュア）物流事業者（ヤマト運輸）電力事業者（東京電力ホールディングス）総合商社（三井物産）設計事業者（日本設計）が連携して街づくりを推進している。

[10]　例えば、三井住友信託銀行は、ファイナンススキームの構築や事業会社設立面でのアドバイザーのほか、環境不動産価値の評価や住宅ローンの開発等、三井不動産では戸建分譲事業のほか、区画整理事業やマスタープランの作成等、三井物産では、新規事業の検討のほか、一部戸建事業にシェアインするなど街づくりを進めるなかで主要な役割を担いながら、各企業それぞれの目的にむけてプロジェクトに参加している。

をテレビ経由で行うなど、タウン内二次配送の一元化を実現し、教育・福祉事業者では、学研グループとエアコンセンサを活用し空質環境と生活リズムを可視化することで、高齢者施設のサービス向上とスタッフの負担軽減を目指す取組みを進めている。また、調剤薬局事業者では、アインファーマシーズと自動配送ロボットによる処方箋医薬品配送の活用可能性を見出す実証実験にも取り組んでいる。

## 3.2 藤沢市の過去と現況

藤沢市は、東京から約50kmの神奈川県の中央南部に位置し、南は相模湾に面し、周囲は横浜市、鎌倉市、茅ヶ崎市等の6市1町に囲まれ、概ね平坦な地形をしている（図5-1）。

藤沢市および各地区の世帯数および人口総数は以下の表5-1及び表5-2に示した。藤沢市全体の世帯数は、2010年に172,018世帯であったのに対し、2020年では191,178世帯と19,160世帯増加している。また、人口総数については2010年に407,766人であったのに対し、2020年では434,769人と27,003人増加している。

図5-1 藤沢市の位置図

（出所）Map-It
https://mapit.azurewebsites.net/

### 表5-1 藤沢市と地区別の世帯数

世帯数

|  | 鵠沼 | 辻堂 | 藤沢 | 明治 | 藤沢市 |
|---|---|---|---|---|---|
| 2020年 | 25,316 | 18,796 | 21,731 | 12,926 | 191,178 |
| 2019年 | 24,917 | 18,497 | 21,283 | 12,505 | 188,393 |
| 2018年 | 24,610 | 18,235 | 20,696 | 12,301 | 185,527 |
| 2017年 | 24,258 | 17,897 | 20,496 | 12,095 | 183,202 |
| 2016年 | 23,748 | 17,540 | 20,382 | 11,911 | 180,671 |
| 2015年 | 23,651 | 17,232 | 20,808 | 11,905 | 181,038 |
| 2014年 | 23,428 | 16,951 | 20,624 | 11,776 | 179,037 |
| 2013年 | 23,203 | 16,784 | 20,486 | 11,314 | 177,382 |
| 2012年 | 23,133 | 16,377 | 20,294 | 11,152 | 175,042 |
| 2011年 | 23,018 | 16,094 | 20,121 | 10,719 | 172,152 |
| 2010年 | 23,088 | 15,957 | 19,725 | 10,748 | 172,018 |

### 表5-2 藤沢市と地区別の人口総数

人口総数

|  | 鵠沼 | 辻堂 | 藤沢 | 明治 | 藤沢市 |
|---|---|---|---|---|---|
| 2020年 | 57,280 | 44,031 | 46,123 | 30,296 | 434,769 |
| 2019年 | 56,865 | 43,396 | 45,628 | 29,568 | 432,095 |
| 2018年 | 56,600 | 42,921 | 44,476 | 29,383 | 429,249 |
| 2017年 | 56,037 | 42,401 | 44,342 | 29,137 | 427,199 |
| 2016年 | 55,370 | 41,639 | 44,442 | 28,757 | 424,533 |
| 2015年 | 54,528 | 40,405 | 44,700 | 28,613 | 420,343 |
| 2014年 | 54,409 | 39,690 | 44,510 | 28,421 | 418,417 |
| 2013年 | 54,219 | 39,391 | 44,346 | 27,419 | 416,832 |
| 2012年 | 54,505 | 38,682 | 44,027 | 27,169 | 414,607 |
| 2011年 | 54,380 | 38,439 | 43,779 | 26,257 | 410,504 |
| 2010年 | 54,356 | 37,879 | 42,750 | 25,964 | 407,766 |

（出所）筆者作成、以下の図表全て同じ

また、藤沢市は、12 地区（片瀬、鵠沼、
村岡、藤沢、明治、善行、湘南大庭、六
会、湘南台、遠藤、長後、御所見）に分類さ
れ、遊休不動産開発の行われた藤沢 SST
は辻堂地区に存する（図 5-2）。当該地区
の世帯数は、2010 年に 15,957 世帯であっ
たのに対し、2020 年では 18,796 世帯と
2,839 世帯増加している。また、人口総数
については 2010 年に 37,879 人であった
のに対し、2020 年では 44,031 人と 6,152
に増加し、藤沢市の 12 地区のうち、辻堂

**図 5-2　藤沢市の地区別位置図**

（出所）藤沢市 HP より筆者作成
http://www.city.fujisawa.kanagawa.jp/

地区は、鵠沼地区、藤沢地区につぐ世帯数および人口総数である。辻堂地区の周
辺地域の世帯数および人口総数の推移は、以下の図 5-3 および図 5-4 である。
2010 年からの世帯数、人口総数の増加率は明治地区につぐ増加率であり、世帯数
および人口総数の周辺地域上位3地区（鵠沼地区、藤沢地区、辻堂地区）のなかで
は、一番の増加率であることが確認できる。また、世帯数、人口総数においては、全
地区の中で一番の増加数である。

**図 5-3　周辺地域の世帯数の推移**

図 5-4　周辺地域の人口総数の推移

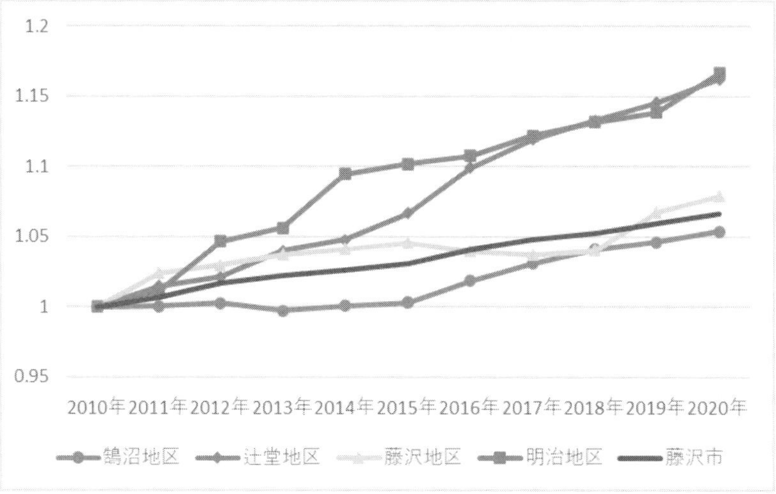

　次に表 5-3 では、2010 年から 2020 年の藤沢市の住宅地（61 平均）、商業地（17 平均）および工業地（4 平均）の地価公示を示した。

　藤沢市の平均地価公示について、住宅地では、2010 年に 191,333 円／㎡であるのに対し、2020 年では、188,364 円／㎡と平均地価公示は低下傾向にある。また、商業地では、2010 年に 395,556 円／㎡であるのに対し、2020 年では、409,765 円／㎡と上昇傾向にある。同様に、工業地についても 2010 年では、86,850 円／㎡であるのに対

表 5-3　藤沢市の地価公示

| 地価公示 | | | (円/㎡) |
|---|---|---|---|
| 藤沢市 | 住宅地（61平均） | 商業地（17平均） | 工業地（4平均） |
| 2020年 | 188,364 | 409,765 | 93,000 |
| 2019年 | 187,708 | 390,294 | 92,625 |
| 2018年 | 188,577 | 383,471 | 92,625 |
| 2017年 | 188,430 | 381,882 | 92,625 |
| 2016年 | 188,479 | 380,294 | 92,625 |
| 2015年 | 187,059 | 378,706 | 92,625 |
| 2014年 | 186,041 | 377,176 | 102,875 |
| 2013年 | 184,575 | 376,529 | 102,875 |
| 2012年 | 186,645 | 390,938 | 77,900 |
| 2011年 | 187,852 | 398,765 | 79,100 |
| 2010年 | 191,333 | 395,556 | 86,850 |

（出所）国土交通省「標準地・基準地検索システム」より筆筆者作成、以下図 5 および図 6 も同じ

し、2020 年では、93,000 円／㎡と上昇傾向にある。

　住宅地および商業地について、藤沢市の平均地価公示と辻堂地区の近隣地区の平均地価公示を図 5-5 および図 5-6 に示した。住宅地の平均地価公示につ

いて、藤沢市平均は 2010 年から低下傾向にあるなか、鵠沼地区を除き、藤沢
地区、明治地区は上昇傾向にあり、辻堂地区については若干の上昇傾向にある。
また、商業地の平均地価公示について、藤沢市平均は上昇傾向にある。鵠沼地
区、辻堂地区は藤沢市平均同様に上昇傾向にあり、藤沢地区については低下傾
向にある。

　以上のように、遊休不動産開発の行われた辻堂地区では、人口総数および世
帯数、地価公示についても低下傾向にある地区もある中、当該地区は上昇傾向
にあることがわかる。

**図 5-5　住宅地の地価公示推移**

**図 5-6　商業地の地価公示推移**

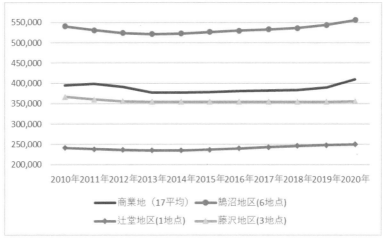

## 4．パナソニックと関連会社の業績

　本節では、パナソニックと関連会社の業績等について検討する。まず、パナソニックの沿革および外部評価を概観し、業績等の検討をする。

### 4.1　沿革

　パナソニックは大阪府門真市に本社を置く総合エレクトロニクスメーカーである。1918 年 3 月に松下幸之助により大阪市福島区大開街に松下電器具慣製作所を設立創業し、1923 年に砲弾型電池式ランプを考案発売。その後 1949 年に東京証券取引所および大阪証券取引所に上場し、1971 年にはニューヨーク証券取引所に上場する。2003 年にグローバルブランド「Panasonic」に統一。パナソニックグループでは、パナソニックおよび連結子会社 523 社を中心に構成されており、総合エレクトロニクスメーカーとして国内外のグループ各社と連携し、幅広い展開をみせている。製品範囲は電気機械器具のほとんどのすべてにわたり「アプライアンス」「ライフソリューション」「コネクティッドソリューションズ」「オートモーティブ」「インダストリアルソリューションズ」の 5 つのセグメントと、これらに含まれないその他の事業活動から構成されている。

### 4.2　ESG 関連の外部評価

　パナソニックは、1970 年代より公害対策に取組み、1991 年には環境宣言を発信し、環境保全活動を開始した。その後、2001 年に策定した環境行動計画グリーンプラン 2010 の完遂を受け、2010 年にはグローバルな環境課題への取組みを推進するグリーンプラン 2018 が策定された。さらに、2017 年には、クリーンなエネルギーで安心して暮らせる社会と持続可能な社会を目指した事業推進に向け環境ビジョン 2050 を策定している。このように、パナソニックでは、環境へのとりくみが長期の環境計画をベースに進展し、経営目標のなかにも環境目標が織り込まれており、環境経営が実践されている企業である。

　ここで、そのような環境経営への取組みをみせるパナソニックおよび主要な電気メーカーの ESG 関連の外部評価を概観する（表 5-4）。これらの ESG 関連の外部評価は、アンケートや企業の財務情報をもとにランキング化されたもの

で、表 5-4 は主要な電機メーカーの外部評価ランキング推移を示したものである。環境経営を評価した環境経営度調査では、2010 年および 2011 年に製造業を対象とした調査で 1 位となり、以降もパナソニックは上位をキープしている。また、東洋経済 CSR 企業ランキングにおいても 2012 年を除き 100 位内をキープしている。なお、環境経営度調査においては、2020 年度調査より日経「SDGs 経営」調査となり、ランキング形式ではなく偏差値による総合格付けがされている。当該調査においてもパナソニックは上位に位置している。[11]

　このようにパナソニックは ESG 経営の中でも特に環境について積極的な取組みをみせ、外部からも高い評価を得ていることがわかる。

### 表 5-4　外部評価ランキングの推移

日本経済新聞社　環境経営度調査

|  | 2010年 | 2011年 | 2012年 | 2013年 | 2014年 | 2015年 | 2016年 | 2017年 | 2018年 | 2019年 | 2020年 |
|---|---|---|---|---|---|---|---|---|---|---|---|
| パナソニック | 1 | 1 | 6 | 3 | 10 | 7 | 7 | 15 | 9 | | |
| シャープ | 4 | 3 | 10 | 8 | 15 | 19 | 41 | 34 | − | | |
| ソニー | 38 | 14 | 36 | 5 | 34 | 25 | 25 | 16 | 26 | | |

東洋経済CSR企業ランキング

|  | 2010年 | 2011年 | 2012年 | 2013年 | 2014年 | 2015年 | 2016年 | 2017年 | 2018年 | 2019年 | 2020年 |
|---|---|---|---|---|---|---|---|---|---|---|---|
| パナソニック | 1 | 3 | 144 | 35 | 46 | 67 | 37 | 57 | 60 | 69 | 36 |
| シャープ | 3 | 9 | 5 | 15 | 147 | 198 | 209 | 180 | 300 | 178 | 160 |
| ソニー | 8 | 2 | 3 | 4 | 14 | 22 | 22 | 45 | 94 | 79 | 43 |

（出所）日本経済新聞社「環境経営度調査」東洋経済新報社「東洋経済 CSR 企業ランキング」より筆者作成

## 4.3　パナソニックの業績推移

　パナソニックの過去 10 年の業績の状況について概観する。表 5-5 は　パナソニックの 2010 年 3 月期から 2020 年 3 月期までの連結業績の概要を示したものである。

---

[11]　日経「SDGs 経営」調査では、偏差値 70 以上を総合格付け星5、偏差値 65 以上-70 未満を星 4.5、偏差値 60 以上-65 未満を星4、55 以上-60 未満を星 3.5、50 以上-55 未満を星 3 とし相対的な評価を行っている。パナソニックは、第1回調査では、星 4,5（偏差値 65-70）と高水準を位置している。

表5-5　パナソニックの業績推移

| | 米国会計基準 | | | | | | | 国際財務報告基準 | | | | 単位：百万円 |
| | 2010/3 | 2011/3 | 2012/3 | 2013/3 | 2014/3 | 2015/3 | 2016/3 | 2016/3 | 2017/3 | 2018/3 | 2019/3 | 2020/3 |
|---|---|---|---|---|---|---|---|---|---|---|---|---|
| 売上高 | 7,417,980 | 8,692,672 | 7,846,216 | 7,303,045 | 7,736,541 | 7,715,037 | 7,553,717 | 7,626,306 | 7,343,707 | 7,982,164 | 8,002,733 | 7,490,601 |
| 前期比 | 95.5% | 117.2% | 90.3% | 93.1% | 105.9% | 99.7% | 97.9% | | 96.3% | 108.7% | 100.3% | 93.6% |
| 営業利益 | 190,453 | 305,254 | 43,725 | 160,936 | 305,114 | 381,913 | 415,709 | 230,299 | 276,784 | 380,539 | 411,498 | 293,751 |
| 税引前利益 | △29,315 | 178,807 | △812,844 | △398,386 | 206,225 | 182,456 | 217,048 | 227,529 | 275,066 | 378,590 | 416,456 | 291,050 |
| 当期純利益 | △103,465 | 74,017 | △772,172 | △754,250 | 120,442 | 179,485 | 193,256 | 165,212 | 149,360 | 236,040 | 284,149 | 225,707 |
| 営業外損益の主な内容 | | | | | | | | | | | | |
| 長期性資産の減損 | △79,259 | △34,692 | △399,259 | △138,138 | △103,763 | △40,032 | △36,690 | △23,341 | △19,763 | △17,536 | △31,743 | △51,159 |
| 構造改革費用 | △54,872 | △56,953 | △184,453 | △79,225 | △64,134 | △31,323 | △21,700 | △22,104 | △6,336 | △5,694 | – | |

(出所)パナソニック㈱「有価証券報告書」より筆者作成

2010年3月期は、売上高が前期に対し95.9%と落込んではいるが、家電エコポイント制度やアジアの成長を背景とした薄型テレビの販売増などから営業利益は改善している。しかし、液晶パネル製造拠点や電池製造拠点に関する長期性資産の減損（△79,259百万円）などにより当期純利益は赤字となっている。翌年の2011年3月期は、売上高が前期に対し117.2%と回復し、東日本大震災の影響があったが、家電エコポイント制度の駆け込み需要、中国・インドでの好調、コスト合理化などの影響により大幅な増益となっている。

しかし、2012年3月期は、売上高が前期に対し90.3%と落込み、過去最大の赤字を計上している。これは、売上減の影響に加え、価格低下や円高の影響などによる営業利益の減少と早期退職一時金やのれん（△163,902百万円）・固定資産の減損損失（△399,259百万円）などの事業構造改革費用を計上したことで大幅な損失の計上になっている。なお、計上した長期性資産の減損損失は、主として「AVCネットワークス」セグメントに帰属する国内の複数の薄型テレビ製造拠点に関連する建物、機械装置および備品等に関連するもので、製品価格の下落や円高等により計上している。

また、2013年3月期は売上高が前期に対し95.9%と落込み大きく減少するなか、固定費の大幅な削減により、営業利益は増益となった。しかし、のれん（△250,583百万円）・長期性資産の減損損失（△138,138百万円）などの事業構造改革費用を計上したことにより赤字となっている。長期性資産の減損損失は、主として「エコソリューションズ」セグメントに帰属するソーラー事業の

5 工場跡地の自社開発

特許・ノウハウや商標等に関連するものにより計上している。

　2014 年 3 月期は、円安による押上効果や住宅関連事業が国内の消費税増税前の需要により伸長、また、車載関連事業もグローバルでの市況回復を背景に伸長し、売上高が前期に対し 105.9％と大幅に回復している。また、赤字事業の収益改善や固定費削減、材料合理化の取組みなどが寄与し営業利益も良化し黒字となっている。また、「その他」のセグメントでは、パナソニックホームズが消費税増税前の駆け込み需要により好調だったが、前年度に実施した三洋電機子会社の事業譲渡の影響で全体では減収している。しかし、パナソニックホームズでは、戸建請負事業において太陽光発電パネルで屋根を構成した住宅の販売を推進したほか、分譲事業ではエネルギー自立を実現する街づくりの展開や大型スマートマンションの施工もあり、売上は好調に推移している。2014 年 3 月期に計上した長期性資産の減損損失は、主として「AVC ネットワークス」セグメントに帰属する薄型テレビ事業、回路基板事業、半導体事業に関連するもの。製品価格が継続的に下落したことにより計上している。

　2015 年 3 月期は、国内では、住宅用ソーラーの販売、海外では、車載関連事業が好調に推移し増収となったが、円安による押し上げ効果もあったが、課題事業の販売絞込みや事業譲渡による販売減、国内では、住宅関連事業や家電事業を中心に消費税増税による反動影響を受け減収となっている。また、事業構造改革の効果を含む課題事業の収益改善、固定費圧縮および材料合理化の取組みが寄与し営業利益は大幅に良化し、売上高が前期に対し 99.7％と若干の減少はあるものの増益となっている。長期性資産の減損損失は、主として「オートモーティブ＆インダストリアルシステムズ」セグメントに関連し、製品需要の急減などによる収益力の低下に伴い、計上している。2014 年期および 2015 年期では消費税増税による住宅関連事業への影響がみられている。

　2016 年 3 月期は、国内売上は白物家電が堅調だったが、住宅用太陽光発電システムの販売減、海外売上も BtoB ソリューション事業が伸長したが減収となり、売上高が前期に対し 97.9％と売上が伸びない中で構造改革による固定費削減、材料合理化の取組みや事業構成の良化により営業利益も増益している。計上した長期性資産の減損損失については、主として「エコソリューションズ」

セグメントに関連するものを計上している。また、2017年3月期は、円高による影響が大きく、国内では、家電販売や車載向け事業が堅調であったが、住宅用太陽光発電システムの販売の苦戦などにより減収、海外では新規連結のハスマン社の寄与により好調であったが、為替が影響し売上高は前期に対し96.3%減収となっている。しかし、固定費増加や為替の影響もあったが、合理化取組みの効果やその他の損益の改善により営業利益は増益となっている。2017年3月期において、「エコソリューションズ」セグメントに帰属する一部の事業の事業環境の悪化に伴い、無形資産等に関して減損損失を計上している。2014年期から2017年期では減収に対し材料合理化の取組み等により減収をカバーしていることがわかる。

　2018年3月期は、車載・産業向け事業の成長などにより、売上高は前期に対し108.7%と増収し、原材料価格高騰や先行投資による固定費増加をオートモーティブやインダストリアル事業でカバーし増益となっている。主として「エコソリューションズ」セグメントに帰属する一部の事業の事業環境の悪化に伴い、無形資産等に関して減損損失を計上している。

　また、2019年3月期は、車載関連やパナソニックホームズ㈱などの増販により、他事業の減収をカバーし、また、海外ではエナジーやオートモーティブにより売上高は前期に対し100.3%と増収になり、それらに加え年金制度の一部見直しや資産売却等の一次益などにより増益となっている。2019年3月期においては、「ライフソリューションズ」セグメントに帰属するソーラー事業の構造改革に伴い、有形固定資産等に関して減損損失を計上している。また、「オートモーティブ」セグメントに帰属する車載機器事業の、主に欧州事業の収益悪化に伴い、のれんおよび無形資産に関して減損損失を計上している。これら2018年期および2019年期では、他事業の増益により減収をカバーしていることがわかる。

　最後に、2020年3月期は、国内では新型コロナウイルス感染症の拡大による影響に加え、住宅関連事業の非連結化もあり減収、海外においてもテレビや車載事業の苦戦に加え、為替や新型コロナウイルス感染症の拡大による影響により売上高は前期に対し93.6%減収となっている。また、間接諸経費の圧縮

や合理化へ取組み、住宅関連事業等の事業譲渡益などがあったが、中国での投資需要の低迷や新型コロナウイルス感染症の拡大による減販損の影響が大きく、事業構造改革費用の計上もあり減益となっている。主な減損損失としては「オートモーティブ」セグメントに帰属する車載機器事業の収益悪化に伴い、のれん及び無形資産に関して減損損失を計上している。また、「インダストリアルソリューションズ」セグメントに帰属する半導体事業の譲渡に伴い、有形固定資産に関して計上している。

　以上を総括すると、過去最大の赤字であった 2012 年期では、売上減の影響に加え、製造拠点に関連する建物、機械装置および備品等に関連する減損が主な要因といえる。続く 2013 年 3 月期は売上高が前期に対し大きく減少するなか、固定費の大幅な削減により、営業利益は増益となったが、「エコソリューションズ」セグメントに帰属するソーラー事業の特許・ノウハウや商標等に関連するものにより計上し赤字となっている。しかし、2014 年 3 月期は、住宅関連事業が国内の消費税増税前の需要により伸長等により、大幅に回復している。この年度について、「その他」のセグメントでは、前年度に実施した三洋電機子会社の事業譲渡の影響で全体では減収しているが、パナソニックホームズの戸建請負事業において太陽光発電パネルで屋根を構成した住宅の販売を推進したほか、分譲事業ではエネルギー自立を実現する街づくりの展開や大型スマートマンションの施工もあり、売上は好調に推移し、業績回復の要因といえる。パナソニックの 2012 年期における過去最大の赤字から、2014 年期の黒字への転換には、住宅関連事業への取組みがひとつの要因として考えられる。

図 5-7　TOPIX およびパナソニックの株価推移

（出所）ヤフーファイナンス株価データより筆者作成、図 5-8 も同じ

　また、図 5-7 は 2010 年 1 月から 2020 年 12 月までの TOPIX およびパナソニックの株価推移（月次データ）を示したものである。以下に示したように藤沢 SST の施工開始した 2012 年には過去最大の赤字であり株価も底値をつけたが、以降、住宅関連事業の影響もあり業績は回復し、株価も上昇に転じている。図 5-8 は、2012 年 1 月から 2015 年 12 月までの TOPIX およびパナソニックの株価を指数化したものである。これによると、遊休不動産開発の行われた 2012 年以降では TOPIX よりも大きく TOPIX を上振れる株価の動きも見受けられる。⑫

---

⑫ パナソニック㈱「有価証券報告書」第 107 期（2014 年 3 月期）によると、前年度に米ドル及びユーロに対する過度な円高進行に歯止めがかかり総じて円安傾向が継続したが、一部の事業で生産拠点の海外シフトを進めてきたこともあり為替相場がグループ全体の業績に与える影響は減少している。

図 5-8　TOPIX およびパナソニックの株価指数推移

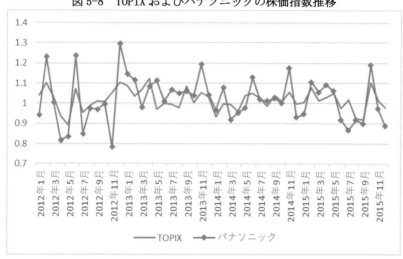

## 4.4　パナソニックホームズの業績推移

　次に藤沢 SST プロジェクトのうち戸建分譲プロジェクトを手掛けたパナソニックの関係企業であるパナソニックホームズについて検討する。

　当該戸建プロジェクトは 2014 年 2 月 15 日にパナソニックホームズ 34 区画、三井不動産レジデンシャル 28 区画を初弾とし販売開始し、約 600 戸販売予定の開発である。表 6 はパナソニックホームズの 2010 年 3 月期から 2017 年 3 月期までの業績の推移を示したものである。なお、パナソニックホームズは、2017 年 10 月にパナソニックの完全子会社となり 2018 年 4 月よりパナソニックホームズ株式会社へ社名変更した。のち 2020 年 1 月にはトヨタ自動車(株)とパナソニックによる街づくり事業の共同出資会社プライムライフテクノロジーを設立し、パナソニックホームズの全株式を移管している。

表5-6　パナソニックホームズの業績推移　(単位：百万円)

| | 2010/3 | 2011/3 | 2012/3 | 2013/3 | 2014/3 | 2015/3 | 2016/3 | 2017/3 |
|---|---|---|---|---|---|---|---|---|
| 売上高 | 260,388 | 269,450 | 293,152 | 289,402 | 324,458 | 325,622 | 352,971 | 359,607 |
| 前期比 | #REF! | 103% | 109% | 99% | 112% | 100% | 108% | 102% |
| 営業利益 | 5,343 | 7,831 | 10,665 | 11,089 | 14,222 | 12,759 | 15,851 | 11,848 |
| 税引前利益 | 5,062 | 6,768 | 10,692 | 11,740 | 14,520 | 12,907 | 15,825 | 11,480 |
| 当期純利益 | 2,428 | 4,324 | 6,123 | 7,331 | 8,925 | 7,995 | 10,053 | 7,559 |
| 営業外損益の主な内容 | | | | | | | | |
| 減損損失 | 23 | 634 | 129 | 78 | 231 | 97 | 10 | 22 |

（出所）パナソニックホームズ㈱「有価証券報告書」より筆者作成

5
工場跡地の自社開発

　2010年3月期は、売上高が前期に対し91％と落込んではいるが、減損損失は△23百万円と大きくはなく当期純利益は黒字である。主な減損損失について、遊休資産の時価の下落等により計上している。また、固定資産売却益の主なものは機械装置及び運搬具の売却によるものであり、固定資産除売却損の主なものは建物及び構築物、機械装置及び運搬具の除売却によるものである。この年度では、「長期優良住宅」の認定基準に適合する住宅を積極的に販売し、人と地球にやさしい生活快適エコライフ住宅の実現を目指し、戸建請負事業、分譲事業、資産活用事業、リフォーム事業への取組みをみせた。しかし、戸建・集合請負売上が伸び悩み、売上高は前年同期比91.5％となっている。また、分譲事業では、国土交通省主導の「住宅・建築物省$CO_2$推進モデル事業」で採択された提案を具現化した「エコライフタウン練馬高野台」など、環境との共生に配慮した街づくりを展開した。また、太陽光発電システムを全100戸に採用した「パナソニックホームズ・シティ西神南Ⅰ・Ⅱ」が経済産業省と独立行政法人NEDOが主導する「新エネ百選」に選ばれるなど、環境経営を目指す街づくりが高く評価された。しかし、景気低迷の影響で受注が低迷し、戸建・集合請負売上が伸び悩み、売上高は前年同期比の91.5％となり、コスト削減は順調であったが、売上高の減少により減益となっている。

　2011年3月期は、売上高が前期に対し103％と売上は回復し、減損損失は△634百万円を計上し、賃貸資産の時価下落及び賃料水準の低下、事業用資産の旧設備の廃棄予定資産、遊休資産の時価の下落により計上している。また、固定資産売却益の主のものは機械装置及び運搬具の売却によるものであり、固定

資産除売却損の主なものは建物及び構築物、機械装置及び運搬具の除売却によるものである。住宅業界においては、住宅ローン減税や贈与税の軽減措置等の住宅需要を喚起する施策効果もあり、新設住宅着工にはゆるやかな改善が見受けられた。地球環境に配慮するとともに住生活文化の発展に貢献する「住宅生活産業 No. 1 の環境革新企業」を目指し、事業に取組み、この取組みを優れた環境性能と快適なくらしを両立させる「エコアイディアの家」として具現化し、積極的に取り組んだ。この「エコアイディア」への取組みが評価され「ハウス・オブ・ザ・イヤー・エレクトリック 2010」において受賞している。しかし、震災による影響が一部発生したが売上高は前年同期比 3.5%の増加となっている。

　2012 年 3 月期は、売上高が前期に対し 109%と増収し、減損損失は 129 百万円を計上し、賃貸資産の時価下落及び賃料水準の低下、遊休資産の時価下落等により計上している。また、固定資産除売却損の主なものは建物及び構築物、機械装置及び運搬具、土地の除売却によるものである。この年度では、東日本大震災の影響もあり、応急仮設住宅の建設や復旧支援商品の販売など、復旧・支援活動に取組みをみせた。また、分業事業において、スマートシティの展開をはじめ、藤沢 SST プロジェクトにおいては、住宅にまつわる技術、性能について積極的に提言・提案をしてきている。その結果として、売上高は前年同期比 8.8%となり増収・増益となっている。

　2013 年 3 月期は、売上高が前期に対し 99%と減収となり、減損損失は 78 百万円を計上し、賃貸資産の時価下落及び賃料水準の低下、遊休資産の時価下落等により計上している。また、固定資産売却益の主なものは機械装置及び運搬具の売却によるものであり、固定資産除売却損の主なものは建物及び構築物、機械装置及び運搬具、土地の除売却によるものである。エコでスマートなくらしの実現を目指し、環境貢献と事業拡大を一体化とする成長戦略を展開し、分譲事業では、パナソニックホームズスマートシティの展開を推進、世代を越えてエコで快適な暮らしを実現するサスティナブルでスマートな街づくりを進めている。その結果、戸建請負売上の減少等により、売上高は前年同期比 1.3%減だが、経営全般にわたる業務効率化による固定費等の合理化や原価の低減活

動等により増益している。

2014年3月期は、売上高が前期に対し112%と大幅に回復している。減損損失については、遊休資産の時価下落により△231百万円を計上している。また、固定資産売却益の主なものは機械装置及び運搬具の売却によるものであり、固定資産除売却損の主なものは建物及び構築物、機械装置及び運搬具によるものである。住宅産業から住宅生活産業へと事業拡大し、分譲事業では、パナソニックホームズスマートシティ草津や藤沢 SST の販売も順調に推移している。不動産事業の売上高が大幅な増進をみせ、売上高は前年同期比 12.1%増、販促費用の増加はあったが増益している。

2015年3月期は、売上高が前期に対し100%と若干の増加はみられるが横這いである。減損損失については、賃貸資産の時価下落及び賃料水準の低下、遊休資産の時価の下落により△97百万円を計上している。また、固定資産売却益の主なものは建物及び構築物、機械装置及び運搬具、土地の売却によるものであり、固定資産除売却損の主なものは建物及び構築物、機械装置及び運搬具、土地の除売却によるものである。この年度から、新築請負事業、街づくり事業、ストック事業、海外事業の4事業分野を経営の軸に捉えて事業を展開している。街づくり事業については、藤沢SSTの販売が好調に推移し、また、J-REITの資産運用会社と連携を開始し、保有賃貸マンションを売却。売上高は前年同期比0.4%増で、利益については、売上構成の変化や粗利益率が低下したことにより減益している。

2016年度3月期は、売上高が前期に対し108%と増加し、減損損失については、賃貸資産の時価下落により△10百万円を計上している。また、固定資産売却益の主なものは、機械装置及び運搬具、土地の売却によるものであり、固定資産除売却損の主なものは建物及び構築物、土地の除売却によるものである。街づくり事業では、藤沢SSTをフラッグシップとし、快適性・地域特性・環境に配慮した街づくりを推進している。また、マンションでは国土交通省「住宅・建築物省 $CO_2$ 先導事業」に採択され、先進 MEMS（マンション・エネルギー・マネジメント・システム）や災害時の備えに対応したパークナード目黒カレンの販売が好調に推移した。その結果、新築請負およびリフォーム売上が堅調に

5

工場跡地の自社開発

推移したことにより売上高は前年同期比 8.4%増、増販益や粗利益改善により増収となっている。

　2017 年 3 月期は、売上高が前期に対し 102%と若干の増加をみせ、減損損失については、賃貸資産の時価の下落、事業用資産の使用見込みがないため△22 百万円を計上している。また、固定資産売却益の主なものは、機械装置及び運搬具、土地の売却によるものであり、固定資産除売却損の主なものは建物及び構築物、機械装置及び運搬具の除売却によるものである。分譲土地・建物では藤沢 SST をフラッグシップに快適性・安全性・長期にわたる資産価値の継続・環境に配慮し、地域特性を考えた街づくりを推進している。また、新規事業としてパナソニックホームズが不動産を所有し一定期間賃貸経営をする保有事業や戸建分譲・マンションの用地仕入れを積極的におこなっている。売上高は前年同期比 1.9%増となったが、費用の合理化を図る一方、先行投資を進めた結果減益となっている。

　以上を総括すると、パナソニックホームズは、調査対象期間の 2010 年期より環境との共生に配慮した街づくりを展開する等の環境経営に積極的な取組みをみせている企業であり、環境経営を目指す街づくり等が高く評価されている。この環境への取組みはパナソニックホームズ単体ではなく、パナソニックグループとして全社的にエコアイディアへの取組みをみせている。2014 年からは、住宅生活産業へと事業拡大をみせ、藤沢 SST の販売等により、大幅な増収増益をみせている。また、2015 年からは、街づくり事業を展開し、前期同様に藤沢 SST の販売が好調に推移したことも業績好調の要因といえる。このように、グループ全社的な環境経営への取組みが評価されることに加え、街づくり事業が業績にも影響を与えているものと考えられる。

## 5.　ヒアリング調査

　本節では、パナソニックのビジネスソリューション本部 CRE 事業推進部とのヒアリング内容をもとにパナソニックにおける CRE 戦略について考察する。当該ヒアリング調査は 2021 年 6 月 15 日㈫10 時 30 分よりオンライン会議（Microsoft Teams）により実施した。ヒアリングはビジネスソリューション

本部 CRE 事業推進部の A 氏によるパナソニックが進めるサスティナブル・スマートタウンの概要説明を受け、その後、筆者による質疑応答という流れで進められた。

A 氏のパナソニックが進めるサスティナブル・スマートタウンの概要説明によると、パナソニックでは、2008 年から 2010 年頃のスマートタウン・スマートシティの第 2 次ブームのなか、「サスティナブル」であることを重視したスマートタウン構想をたてた。パナソニックは製造業でありながら街づくりを進めるにあたり、本格的なデベロッパーではないことから、街づくりに関して一般的なデベロッパーのプロセスでは進められない。そこでデベロッパーはじめ各分野の専門事業者との協業を前提に、自らの目的（後述の CRE 戦略）達成のために、家電メーカーの強みであるエンドユーザー視点での「暮らし」を起点とした構想に基づいて、藤沢 SST プロジェクトを進めた。この構想は、現在の街ではなく、将来起こり得る社会課題の解決を見据えた上で、この街でスマートライフを実現していくサービスや住宅施設の設計、必要最小限のインフラ構築等、未来の暮らしの実現を想定したものである。また、企業や自治体が主体となるものでもなく、地域住人や企業、自治体と連携しながら、社会課題の解決と継続的な街の発展につなげていく思想のもと街づくりを推進している。

パナソニックでは自社の CRE 戦略に基づき、「自社遊休地を活用し、事業価値、財務価値、地域価値の 3 つの価値を実現する」という考えのもと、藤沢市と官民連携の藤沢 SST プロジェクトが発足した。まず、事業価値とは、街づくりにおいては分野が多岐にわたるため、パナソニックグループ全社での先進的なソリューションを導入し、街の中での実証実験による新規事業の創出、パートナー企業との協業機会の創出により事業価値を高めることである。また、財務価値とは、単なる遊休地の売却ではなく、一部保有しながらもデベロッパー等との開発により不動産価値を高め、財務価値の向上を目指すものである。最後に地域価値とは、社会課題の解決、特に地域課題の解決が重要であり、工場にかわる新たな街への関わり方としてのブランディングが地域貢献になる。これら 3 つの価値を通じ、事業や地域、社会のイノベーションを実現する。

街づくりのプロセスは、①藤沢市と共同で街づくりの方針を策定②明確なコ

ンセプトのもと③環境目標やエネルギー目標等の街で達成すべき目標を数値化④プロジェクト推進・街全体・街のサービスや暮らしのガイドラインを設定⑤具体的に運用していく仕組みとタウンマネジメント会社の設立によりサービスを提供する。また、タウンマネジメント会社は、パナソニックが筆頭株主となり他 8 社の共同出資により運営され、街づくりの参画団体は、多業種企業18 団体と行政が連携し街づくりを推進している。これによりパートナー企業にとっては新規事業等のイノベーションを起こすきっかけにもなってくる。

　進化し続ける街にむけて 5 つのサービス（エネルギー・セキュリティ・モビリティ・コミュニティ・ウェルネス）を展開しているが、これらの取組みを対外的に情報発信することで、他企業からの提案をうけることもある。また、地域住民等とのタウンミーティングやワークショップにより、様々な意見を取り入れ、新規サービス創出活動を展開している。実際に事業者が街をさらに良くしていこうという取組みから実証し事業展開しているものもある。[13]　そうした取組みを通じて街づくりの先進性が認められ国内外から高い評価を得られている。昨今、SDG s ・Society5.0、カーボンニュートラル等の言葉が普及し社会的な環境の変化がある中、パナソニックでは未来は常に変化していくものだと考えている。思い描いていた未来のビジョンが事業実証を通じて徐々に具体化しつつある中で、特に企業が先導して社会課題の解決方法を具体化していくことが必要だと考えている。それには藤沢 SST や綱島 SST のようなフィールドで、技術だけではなく地域住民や自治体、パートナー企業と共に共創し、新たなビジネスモデルやソリューションを実現していくことが必要だと考えている。重要な点は、常にアップデートしていく取組みが主体的に行われていくフィールド、挑戦し続けるためのフィールドがパナソニックの考えるサスティナブル・スマートタウンの価値だと考えている。この考えは藤沢 SST だけでなく綱島 SST、吹田 SST も共有した思想のもと街づくりは進められている。

　以下、ヒアリング時の主な質問事項とその回答を記載する。

---

[13] まとめて配送・オンデマンド配送サービス、エアコン見守りサービス等、街づくりの中でパートナー企業と開発しながら実証しているものは、継続中のもので 60 件ほどあり事業として世の中にリリースされているものは 10 件ほどある。

**質問**：企業不動産戦略という考えが貴社ではいつ頃から取り入れられ（CRE 担当部署発足）、当初の企業不動産戦略に対する考え方と現在の考え方の違いや変化などはあるのか。

**A 氏**：組織は 2014 年に発足したが、それ以前から紆余曲折しながら取組みは続けてきています。特に藤沢 SST のプロジェクトは象徴的なものであり、藤沢工場の撤退は 2007 年に決定し対外的に公表されたのは 2008 年であるが、単純売却から不動産活用に切り替わってきたタイミングだと思っています。当時リーマンショックの影響もあり、工場跡地のような大規模敷地の売却は容易ではなく、保有していることでコストが嵩んでしまいます。そのような中で工場跡地の活用方法について、単純売却という視点からメーカーならではの事業としての不動産活用という視点に切り替わってきたと思います。この当時のパナソニック社長である大坪文雄はエコアイディアや環境に注力しており、環境ソリューションを導入することにより地域の環境に貢献できるのではないかという理念のもと、企業不動産を専門的に考える部署もなかったため、組織横断型のプロジェクトとして進められてきました。

**B 氏**：主には土地建物管理をする施設管財部と新しい事業をつくる事業開発の部門が連携してプロジェク化し、全社横断的プロジェクトとして進められ、最終的に組織という形になりました。

**質問**：貴社の CRE 担当部署には、何人程度のスタッフが在籍しているのか。不動産業務の経験値や不動産資格(宅建士、建築士、鑑定士等)の保有状況はどのようなものか。

**A 氏**：CRE 事業推進部では、不動産業務経験者や不動産資格（建築士、宅建士等）を持つ者も在籍するが不動産鑑定士においては在籍しておりません。グループ内の全リソースを活用し、また、協業企業との取組みが柱となるので、鑑定評価も含め、他企業との繋がりを持つことが事業価値の創出となると考えています。

**質問**：貴社では遊休不動産開発を含め環境経営に注力していると認識しているが、CSR（社会的責任）としての側面と ESG 経営（自社の事業）としての

5

工場跡地の自社開発

側面のどちらが強いのか。

A 氏：パナソニックの創始者である松下幸之助は、事業は単独ではなく、社会課題の解決と密接に関わるという思想のもと社会課題の解決を事業の機会と捉えて社会貢献していくことが事業への姿勢です。そういった観点から CSR、ESG の両側面もあるが、事業としての成立を考えると、ESG 経営としての側面のほうが強いのかもしれません。

質問：藤沢 SST・綱島 SST の遊休不動産開発後の貴社の財務的な影響やその変化等。

A 氏：藤沢 SST 等の取組みを通じて社会的に評価されるようになってきたので、株価などには少なからず貢献はできていると思います。また、デベロッパーではないため開発による利益を目的としていないが CSR の視点を持ちつつ事業としても成立させています。

質問：藤沢 SST・綱島 SST の遊休不動産開発について貴社のメインバンクの理解や支援は得られたのか。

B 氏：この SST 事業単独でいくと借入をして開発を行うといった形ではございません。

A 氏：自社の遊休地をベースに、工場跡地の一部を保有し土地売却によって事業費を捻出し開発を行っています。

質問：藤沢 SST・綱島 SST 開発前の課題（もしくは目指す方向性）と開発後の課題はどのようなものか。

A 氏：常に課題はあります。開発前の事業目論見とその後の社会の変化、技術の進歩等の変化への対応や、構想を描き具体化していくプロセスにおいてステークホルダーをまとめ合意形成を図る必要等、常に課題には直面し、課題解決への対応が求められています。

質問：藤沢 SST・綱島 SST 開発後の地域社会への影響で変化が感じられた点。

A 氏：綱島 SST はまだオープンから 3 年ですので地域の不動産価値の上昇等の話は聞きますが、藤沢 SST は、それらに加えて地域のイメージ等にも貢献できていると思います。行政の方々からもそういったご意見もよく伺いますし、ここ数年で藤沢市も住みやすい街として捉えられるようになり、藤

沢市のイメージには貢献できていると思います。そういった意味では、地域課題の解決のための手段としての街づくりなので、過去の課題が解決したということは変化があったと考えています。

B氏：パナソニックとしてはその地域で長年稼働させてもらっていたので、地域ブランディングの一環として藤沢 SST や綱島 SST として進め、情報発信することで地域への貢献になると考えています。

質問：藤沢 SST・綱島 SST 開発後その発展の可能性（近隣地域でも同様の開発を行うなど）。

A氏：ケースによりますが、近隣で開発案件があった場合に、お声がけ頂いて発展する可能性もございます。また、実際にもそういった案件への取組みも行ってきています。

B氏：パナソニックでは、自社工場が機能しなくなった場合の遊休地活用は行いますが、あくまで電機メーカーなので、土地を購入・開発といった不動産事業は基本的には行いません。

質問：藤沢 SST・綱島 SST 開発について成功したと感じられる点。

A氏：成功したかどうかという点は非常に難しいです。パナソニックで目指しているものは 100 年続く街ですので、このプロジェクトが成功したのかについては 100 年後を振り返って初めてわかってくることだと思っています。周りの方々からこれは成功モデルだと仰って頂くこともありますが、今のところ、どちらとも言えず、成功するまでやり続けるということが重要になってくると考えています。部分的に切り出すと、失敗も多いですが、できなかった点や課題などもありますので、その点は絶えず評価し取り組んでいます。

質問：現在、貴社で抱えている遊休不動産（もしくは今後の工場閉鎖による跡地等）の今後の活用方法、またどのような視点をもった遊休不動産活用が今後必要となっていくのか。

A氏：今後の遊休不動産活用方法は、現在は吹田工場跡地の吹田 SST や品川の自社物件をリノベーションするなど活用方法は地域や用途によって異なると思います。

5

工場跡地の自社開発

**質問：**今後の企業不動産活用において重要になると考えられる点。

**A 氏：**社内でもよく議論しておりますが、今後の企業不動産活用においては、継続性が重要で、単に維持するのではなく常にアップデートし、場合によっては遊休地等の売却もあり得るが、いかにして進化させ本業事業に生かしていくのか、社会への貢献といった視点が重要になってくると考えています。

**B氏：**パナソニックの事業成長のためには、他企業との協業関係を築きながら新規事業を創出していくことが重要であり、そのため、他企業との関わりを持つフィールドが必要となってくると考えています。そのため企業不動産戦略と考えると流動化だけでなく、協業機会の創出につながるフィールドとしての不動産活用も必要になってくると考えています。

　以上ヒアリング内容を総括すると、藤沢工場の撤退を決定した当時、リーマンショックの影響もあり、工場跡地のような大規模敷地の売却は容易ではなく、保有していることでコストが嵩む。そのような中で工場跡地の活用方法について、単純売却という視点からメーカーならではの事業としての不動産活用という視点に切り替わってくる。この当時のパナソニックでは、エコアイディアや環境に注力しており、環境ソリューションを導入することにより環境貢献できるのではないかという理念のもと、全社横断的なプロジェクトとして進められ藤沢 SST は象徴的な取組みとなり、スマートタウンとして活用することになる。

　プロジェクトを進めるうえで、事業実証を通じて、特に企業が先導して社会課題の解決方法を具体化していくことが必要である。それにはスマートタウンというようなフィールドで、技術だけではなく地域住民や自治体、パートナー企業と共に共創し、新たなビジネスモデルを実現していくために情報発信や情報共有も必要となってくる。

　藤沢 SST は、前述のとおり自社の遊休地をベースに、工場跡地の一部を保有し、土地売却によって事業費を捻出し開発を行い、その取組みを通じて社会的評価は得られている。しかし、常に課題はあり、社会や技術の進歩等の変化に

より、開発前の事業目論見と乖離が生じ、その変化への対応や、ステークホルダーをまとめ合意形成を図る必要等、常に課題には直面し、課題解決への対応が求められる。それらの取組みを通じ、過去の課題解決に貢献することで開発後の変化があったと考える。また、不動産価値の向上に加え、藤沢工場として地域ブランディングから藤沢 SST というブランドイメージが地域に貢献できている。藤沢 SST プロジェクトは、成功事例として評価を受けるが、100 年続く街を目指しているため、自社では成功モデルとは評価せず成功するまで続くプロジェクトである。

　藤沢 SST に続くプロジェクトである綱島工場跡地や吹田工場跡地を活用した綱島 SST・吹田 SST では、2014 年に藤沢 SST プロジェクトの延長線上で新設された CRE 事業推進部にて手掛けられている。当該 CRE 事業推進部は、不動産業務経験者や不動産資格を持つ者も在籍するが不動産鑑定士においては在籍していない。しかし、協業企業との取組みが柱となるので、鑑定評価も含め、他企業との繋がりをもつことが事業価値の創出となる。

　また、パナソニックの創始者である松下幸之助の思想は、事業は単独ではなく、社会課題の解決を事業の機会と捉えて社会貢献していくことが事業への姿勢である。したがって、当該 CRE 事業推進部では、CSR の側面もあるが、ESG としての側面も強く、省エネ等パナソニックが技術あるいは力を入れている分野として事業を進めている。

　今後の企業不動産戦略においては、継続性と常にアップデートしていくことが重要であり、いかにして進化させ本業事業に生かしていくのか、社会への貢献といった視点が重要になってくる。また、パナソニックの経営課題は他企業との協業関係を築きながら新規事業の創出をしていくことであり、不動産を単に流動化を考えるのではなく、他企業との関わりを持つことでフィールドを作ることで協業機会の創出につながるという視点も必要となってくる。

## 6.　まとめ

　本稿の目的は、遊休不動産開発が企業の中長期的な成長ひいては地域社会の成長の実現に資するものか、その影響を明らかにすることであった。具体的に

は、一般的に CSR 評価が高く、先進的に ESG 経営への取組みをみせているパナソニックの遊休不動産開発の事例を取り上げ、業績数値および地域社会への影響を検討した。

　パナソニックにおける遊休不動産開発が行われた藤沢市の辻堂地区では、藤沢市全体の世帯数および人口総数ともに増加傾向ではあるが、当該地区の世帯数および人口総数は一番の増加数であった。また、住宅地および商業地の地価公示について、近隣地域と比較し低下傾向にある地域もあるなか、当該地区では住宅地および商業地ともに上昇傾向にあった。

　藤沢 SST プロジェクトを手掛けたパナソニックおよび関連会社であるパナソニックホームズの業績を検討した結果、当該事業が施行開始された 2012 年 3 期には過去最大の赤字となり、翌 2013 年 3 期についても赤字のまま低迷したが、2014 年 3 月期は、住宅関連事業の伸長等により、大幅に回復している。この年度について、パナソニックホームズについても 2014 年からは、住宅生活産業へと事業拡大をみせ、藤沢 SST の販売等により、大幅な増収増益をみせ業績好調の要因であった。

　ヒアリング調査より、パナソニックの CRE 戦略は、自社の遊休地を活用して事業価値、財務価値、地域価値の 3 つの価値の創出を目指したものであり、社会課題の解決を事業の機会と捉えて社会貢献していくという姿勢の取組みをみせているものである。これは社会貢献等のいわゆる CSR 活動としての側面も強いが、本業事業を生かした上での CRE 戦略が重要となってくる。また、進化していく街づくりにむけて、特に企業が先導して社会課題の解決方法を具体化していくことが必要である。それには、より多くのパートナー企業や行政、地域住民等の利害関係者と連携していくために情報発信や情報共有が新たなビジネスモデル構築のために必要不可欠なものとなる。

　パナソニックでは、1970 年代より公害対策に取組みをみせ、環境宣言を発信し、環境保全活動を開始した。環境経営主軸とし、メーカーである強みを生かしたエンドユーザー視点からの環境ソリューションを導入している。近年、環境法規制への対応や環境リスクの予防、CSR への要求の高まり等から、企業が持続的に発展していくには環境経営が必要不可欠である。パナソニックでは、

そのような社会的潮流を見据えながら協業企業等との関係を築き社会課題の解決にむけた CRE 戦略が、地域社会への貢献、さらには地球環境問題等の社会問題への課題解決につながり企業の社会的信用の維持・向上や企業価値の向上に資するものになっていると考える。

　本稿の事例で取り上げたパナソニックにおける遊休不動産開発は、全社的に取組みをみせる環境経営および自社の工場跡地を活用した遊休不動産開発であり、地域社会の成長の実現に寄与した合理的な企業不動産戦略と考える。上述のとおり本稿では、採用事例を 10 年程度経過しているものとし、筆者の調査した限りでは当時の遊休不動産の自社開発は当該事例しか見当たらなかった。そのため 1 事例を調査したにすぎず、必ずしも全ての企業で当該事例同様の CRE 戦略が適合するとは限らない。昨今では、トヨタ自動車による自社工場跡地を活用したスマートシティが着工し、遊休不動産開発が注目されている。今後、他の事例を含め調査を行い研究の精緻化を図っていきたいと考える。

5
工場跡地の自社開発

《参考文献》

[1]ESG 不動産投資のあり方検討会(2019)「中間とりまとめ～我が国不動産への ESG 投資の促進に向けて～」

[2]坂本道弘(2012)「Fujisawa サスティナブル・スマートタウン構想(特集　低炭素型のまちづくり)」『土地技術』,第 67 巻第 6 号,pp.27-31.

[3]坂本道弘(2014)「FujisawaSST の挑戦(特集　電気利用のスマート化と国際電気標準会議(IEC)東京大会)」『電気評論』,第 99 巻第 10 号,pp.40-45.

[4]坂本道弘(2011)「Fujisawa サスティナブル・スマートタウン構想(特集　地球温暖化問題への対応)」『新都市』,第 65 巻第 8 号,pp.48-53.

[5]パナソニック㈱「パナソニックが進めるサスティナブル・スマートタウン」,プレゼンテーション用資料

[6]パナソニック㈱「有価証券報告書」,第 103 期(2010 年 3 月期)から第 113 期(2020 年 3 月期)

[7]パナソニックホームズ㈱「有価証券報告書」,第 53 期(2010 年 3 月期)から第 60 期(2017 年 3 月期)

[8]牟禮恵美子(2013)「パナソニックにおける環境経営と業績との関係について」『会計プロフェッション』,第 8 号,pp,227-250.

（古川　傑, 山本　卓）

# 第6章 $CO_2$排出と企業価値

## 1. はじめに

　近年、ESG 投資 [1] が世界的にも広がりをみせ、ESG や SDGs といった用語も普及し、ESG が我が国の企業経営にも浸透してきている。ESG 経営 [2] は、比較的最近のことであるため、学術研究の視点からその経営に与える影響が、海外に比較して十分に研究されていない。特に、企業経営を支える重要な資源の一つである不動産(企業不動産)について、それに視点を定めた研究が少数派となっている。CRE(Corporate Real Estate)と言われる企業不動産に着目した企業経営のあり方も進展してきており、それは、ESG 経営と親和性があると考えられる。CRE は、企業不動産の取得、保有、賃貸、売却等を戦略的に行うことにより、中長期的な収入・コストをマネジメントすることにより、企業価値向上を実現させるための経営手法である。

　一方で、ESG 投資は、投資先企業の評価において、財務情報のみではなく環境問題の対応(E)や、地域社会との関係(S)、ガバナンスのあり方(G)などの非財務情報を考慮することが有用だとする考え方である。この考えは、我が国においても、投資先企業の ESG 情報を活用する動きが広がりつつある。投資家は、それら ESG 情報が企業の業績や経営戦略にどのように結びついているか、財務情報とともに投資の判断基準の1つとし、企業の持続的成長と価値向上に期待する。これら必要な情報は投資家ごとに異なり、土壌汚染、アスベスト、$CO_2$排出等、企業不動産に起因する環境問題も多く、企業の中長期的な業績に影響をあたえる可能性も考えられる。

　このような背景のもと、環境問題と密接に関係のある環境不動産に焦点をあてた投資家に対するアンケート調査および財務的視点からの実証分析を試みる。本稿

---

[1] ESG 投資は、従来の財務情報だけではなく、環境(Environment)、社会(Social)、ガバナンス(Governance)要素も考慮した投資のことを指す。気候変動などを念頭においた長期的リスクマネジメントや、企業の新たな収益創出の機会を評価するベンチマークとして、持続可能な開発目標(SDGs)と合わせて注目される。
[2] 本稿では ESG を実践する経営を ESG 経営という。

では、企業の環境情報開示に着目し、$CO_2$削減の情報開示が投資家の意思決定に与える影響を明らかにすることを目的とし、その上で環境情報開示に対する課題を検討する。

## 2.　先行研究

　欧州では、ESG 投資に対する考え方が拡がる社会経済情勢の下で、2014 年に欧州会議において「非財務情報・多様性情報開示に関する EU 指令」が採択・発行され、既存の会計指令が改訂された。その中で、従業員 500 名を超える大企業は、経営報告書の中で環境、社会、雇用、人権の尊重等に関する事項を開示することが定められた。また、米国では、以前から重要な非財務情報について開示が要求されてきたが、2010 年には証券取引委員会(SEC)により「気候変動に関する開示のためのガイダンス」が公表され、企業による環境情報の開示は財務諸表により報告することが制度化され、環境情報の開示に伴う経営者の裁量性の幅は日本より狭くなっている。

　諸外国の ESG 情報開示に着目した研究については、Hahn and Kühnen (2013) が、1999 年から 2011 年に発表されたビジネス、マネジメント、会計に関連するジャーナル 178 本のサーベイから、ESG 情報開示に積極的な企業属性を分析し、企業規模、利害関係者からの圧力、業種が ESG 情報開示の質に正の影響を与えているという報告が多いことを指摘している。

　本稿は、経営者の環境への取組みがどの程度企業業績へ影響するかについて注目している。諸外国の会計研究の領域では、当初は環境情報開示のあり方に焦点を定めたものが多く、これらの研究手法を必要に応じて取り入れることに実益がある。本節では、企業の環境情報の開示行動の促進要因にかかる比較的初期の実証研究の動向を中心にみることにする。

　Patten(1991)は、1985 年時点の米国企業 128 社を対象とした、環境情報開示の促進要因の分析を行っている。環境開示の程度を示す指数を構築したうえで、これを被説明変数とした回帰分析を実施した。その結果として、企業規模が大きくなるほど開示行動が促進される結果を得た。しかし、収益性を示す ROA は有意な変数とはならなかった。このように、企業規模が大きくなるほど社会での注目度も高まり、企

業に対する外的圧力も増すことになる。このことが情報開示を促進する要因となることが明らかになった。

Patten(1991)と同様の研究に、Alnajjar(2000)とBewley and Li(2000)がある。Alnajjar(2000)は、1990年時点の米国企業500社を対象とした分析を行っている。その結果、開示行動の促進要因として企業規模が抽出され、ROEは非促進要因となる結果となった。すなわち、ROEが高くなるほど情報開示のインセンティブは弱まる結果となった。Bewley and Li(2000)は、開示行動の促進要因として、企業のマスコミ報道記事の件数を設定し、1993年時点の米国企業188社を対象とした分析を行った。この結果として、報道記事の件数が多くなる企業ほど開示行動も促進されることが明らかとなった。これは企業規模が大きくなるほど社会的注目度も高まり、それが報道記事件数の多さにつながっていると解釈される。しかし、ROAは有意な変数にはならなかった。

さらに、Cormier and Magnan(2003)は、説明変数を拡大し包括的な分析を試みている。彼らは、1992年から1997年までの米国企業246社の財務データを分析した。その結果、開示行動の促進要因として、企業規模のほか、企業リスク、外国人持株比率、企業の報道件数が抽出され、逆に非促進要因として、株式集中度、負債比率が抽出された。これは、株式集中度が高い企業は、外部からの監視圧力が弱く、開示行動も十分促進されない傾向にあることが明らかとなった。

豪州において、Deegan and Rankin(1996)とBrown and Deegan(1998)が同様の問題意識を有した研究を行っている。Deegan and Rankin(1996)は、1990年から1993年までの豪州企業78社の年次報告書をサンプルとして、開示された環境情報についての当該企業に不利益をもたらす可能性のあるネガティブ情報件数とそれとは逆のポジティブ情報件数の量的比較を行った。その結果、ネガティブな開示情報は、ポジティブな開示情報に比較して有意に少ないことが明らかとなった。このことから、環境情報開示について制度的な枠組みの設定が必要であることが提言された。Brown and Deegan(1998)は、1981年から1994年までの豪州企業の情報開示行動と当該企業にかかる新聞、雑誌での報道件数との関係を調査している。この結果、これらの報道件数の増大は環境情報の開示行動を促進させていることが明らかとなった。これは、Bewley and Li(2000)と整合性がとれたものである。

　ESG の研究は海外市場を対象としたものが多数蓄積されてきているが、日本市場を対象とした実証研究は数例にとどまっている。

　環境情報の開示を含めた環境経営の促進要因を分析した研究にNishitani(2009)がある。当該研究では、日本企業が対象となり、東証上場製造業433 社がサンプルとなっており、ISO14001 の早期資格取得企業の財務的特性をプロビットモデルによって明らかにしている。分析の結果、ISO14001 企業の特徴として、企業規模が大きい、ROA が高い、一般事業法人持株比率が高い、輸出比率が高い等の促進要因が明らかになった。しかし、浮動株比率は有意な変数とはならなかった。一般事業法人持株比率が高い企業の特徴として、株の相互持合い傾向が強く、長期的視点からの経営が行われていることが指摘される。日本企業の環境経営の特徴として、短期的な企業業績の向上の追求というより、長期的な基本経営政策のひとつとして位置づけられていることが示唆される。さらに日本企業を対象とした研究として、山本(2008)は、環境情報の開示が充実している企業ほど、土壌汚染の発覚報道の株価への影響度が少ないことを示した。また、山本(2011)は、2000 年代前半に環境経営を積極的に実施した企業を対象とした分析を行い、効率的な企業不動産管理を実施してきた企業ほど、より充実した環境経営が実施されていることが定着した結果を提示している。

　以上の先行研究を集約すると、初期の国外で実施された実証研究では、環境情報の開示と企業業績の向上は必ずしも直接に結び付くものではなかった。また、2000 年前後の日本企業に焦点を定めた複数の実証研究からは、日本企業の環境への取組みは、①短期的な実利を追わない長期的な視点、②外部のステークホルダーの圧力によらない経営者の自主的な取組み、③大企業がリーダー・シップをとり産業全体における環境経営の推進役となっていること等が明らかになった。さらに、山本(2011)によると、実効性のある環境経営の推進には、効率的な企業不動産マネジメントも不可欠な要素であることも提示された。

## 3.　投資家を対象としたアンケート調査

　本稿では、企業の環境情報開示が投資家の意思決定に与える影響を明らかにすることを目的として投資家の意識調査を行っている。

　当該アンケート調査は、2023 年 7 月 4 日にインターネットを活用した「投資に関するアンケート調査」という題目で、一般投資家 1,000 人を対象とし実施した。アンケート実施に際し、現在時点で投資を行っている投資家を対象とするためスクリーニングを行い、本調査として環境不動産や環境マネジメントに関する設問を合計 26 問設定した。

## 3.1　投資に関するアンケート調査結果

　本節では、「投資に関するアンケート調査」の集計結果より、単純集計（表 6-1）およびクロス集計（表 6-2）の一部を以下に示す。

### 表 6-1　アンケート単純集計結果

問1　投資年数について当てはまるものを選択してください。（単位：人）

| | | |
|---|---|---|
| 1 1年未満 | 52 | 5.2% |
| 2 1年以上5年未満 | 197 | 19.7% |
| 3 5年以上10年未満 | 189 | 18.9% |
| 4 10年以上20年未満 | 266 | 26.6% |
| 5 20年以上 | 296 | 29.6% |

問2　投資判断で最も重視する要因を選択してください。

| | | |
|---|---|---|
| 1 収益性 | 263 | 26.3% |
| 2 成長性 | 230 | 23.0% |
| 3 配当 | 317 | 31.7% |
| 4 業績 | 82 | 8.2% |
| 5 企業の知名度 | 38 | 3.8% |
| 6 社会への貢献度 | 5 | 0.5% |
| 7 地球環境への配慮 | 6 | 0.6% |
| 8 その他 | 59 | 5.9% |

問3　投資判断の際にどのような開示資料を参考にしますか。（複数選択）

| | | |
|---|---|---|
| 1 決算短信 | 456 | 45.6% |
| 2 有価証券報告書 | 351 | 35.1% |
| 3 監査報告書 | 114 | 11.4% |
| 4 統合報告書 | 144 | 14.4% |
| 5 サスティナビリティレポート（ESG報告書） | 111 | 11.1% |
| 6 証券会社等のアナリスト予測 | 342 | 34.2% |
| 7 その他 | 235 | 23.5% |

問4　企業の環境経営への取り組みについて関心はありますか。

| | | |
|---|---|---|
| 1 大いにある | 85 | 8.5% |
| 2 ある | 314 | 31.4% |
| 3 どちらともいえない | 386 | 38.6% |
| 4 ない | 131 | 13.1% |
| 5 全くない | 84 | 8.4% |

問5　投資判断の際に企業の環境マネジメントへの取り組みで特に注目する点はありますか。（複数選択）

| | | |
|---|---|---|
| 1 環境マネジメントシステム | 244 | 24.4% |
| 2 脱炭素 | 247 | 24.7% |
| 3 生物多様性や生態系の保護 | 180 | 18.0% |
| 4 環境汚染物質の対応 | 226 | 22.6% |
| 5 サーキュラデザイン | 82 | 8.2% |
| 6 CO2など温暖ガスの削減 | 313 | 31.3% |
| 7 省エネ関連 | 265 | 26.5% |
| 8 再生可能エネルギー関連事業 | 289 | 28.9% |
| 9 土壌汚染対策 | 100 | 10.0% |
| 10 その他 | 17 | 1.7% |
| 11 特にない | 345 | 34.5% |

問6　環境に配慮した不動産を保有する企業に対するイメージで当てはまるものはありますか。（複数選択）

| | | |
|---|---|---|
| 1 社会に貢献している。 | 222 | 22.2% |
| 2 社会への対応が早い。 | 248 | 24.8% |
| 3 好感が持てる。 | 337 | 33.7% |
| 4 環境問題の解決にむけて努力している。 | 266 | 26.6% |
| 5 コストをかけているため収益性が気になる。 | 140 | 14.0% |
| 6 特に気にしない | 298 | 29.8% |

**（出所）筆者作成、以下の図表はすべて同じ。**

　問 1 の投資年数についての設問では、投資年数が 10 年以上 20 年未満の回答が 26.6%、投資年数が 20 年以上の回答が 29.0%であり、当該アンケート調査の回答者の半数以上が投資年数が 10 年以上の十分な金融リテラシーを持つ者による

回答だということである。また、問 2 では、投資判断において重視する要因について設問を設けたが、ここでは、収益性 26.3%、成長性 23.0%、配当 31.7% と大半を占め、一方、社会の貢献度が 0.5%、地球環境への配慮が 0.6% であった。問 3 の投資判断に際し、参考にする開示資料については、決算短信が 45.6%、有価証券報告書が 35.1% と企業の会計情報に基づく決算資料を参考にする投資家が全体の 3 割から 4 割強を占めている。また、証券会社等のアナリスト予測が 34.2% であり、全体の 3 割強の投資家が、投資意思決定に際し、金融の専門家の予測を参考にしている。ここで、企業が環境問題等にどのような取組みを行っているのか記載される統合報告書およびサスティナビリティレポート（ESG 報告書）については、全体の 1 割強が占めており、問 2 の結果を勘案すると、企業への投資判断に際し、最も重視する要因とはならないが、補完的に捉えられている要因と考えられる。しかしながら、次の設問の問 4 では、企業の環境経営への取組みについて、関心が大いにあるとの回答が 8.5%、関心があるとの回答が 31.4% と全体の約 4 割の投資家が環境経営への取組みに対して関心があると回答している。これは、現状では投資意思決定に際して最も重視する要因ではないが、今後、なり得る可能性があるものと推察される。

　次の問 5 は、投資家が企業の環境マネジメントへの取組みで注目している点についての設問である。環境マネジメントシステム、脱炭素、生物多様性、環境汚染物質への対応、省エネ関連、再生可能エネルギーなどは全体の 2 割前後を占めているが、CO² など温暖ガスの削減については全体の 3 割以上の投資家が注目をしていることがわかる。また、問 6 では、環境配慮型の不動産を保有する企業に対して投資家が抱くイメージについての設問を設けた。ここでは、コストがある故に収益性が落ちてしまうという懸念について 14.0% であり、投資家は環境配慮型不動産を所有する企業に対して、社会への貢献等のポジティブなイメージが強く、コスト面のネガティブイメージを抱いている投資家は小数であることが確認できる。

　次にクロス集計の結果（表 6-2）を以下に示す。

　表 6-2 では、問 4 企業の環境経営への取組みへの関心と問 5 企業の環境マネジメントへの取組みで注目する点のクロス集計を行った。企業の環境経営への取組

みへの関心に係る設問では、「1.大いにある」「2.ある」を選択している回答を「関心あり」グループに、それ以外を「関心なし」グループに大別してクロス集計を行った。

表 6-2 によると、関心ありのグループでは、投資判断に際し、一定数がすべての項目に対して、投資先企業の環境マネジメントへ注目していることがわかる。一方で、関心なしのグループにおいては、投資判断に際し「$CO_2$など温暖ガスの削減」「省エネ関連」「再生可能エネルギー関連事業」に対する環境マネジメントへの取組みが注目されている。

### 表 6-2 アンケートクロス集計結果

(単位：人)

| | 環境マネジメントシステム | | 脱炭素 | | 生物多様性や生態系の保護 | | 環境汚染物質への対応 | | サーキュラデザイン | | CO2など温暖ガスの削減 | | 省エネ関連 | | 再生可能エネルギー関連事業 | | 土壌汚染対策 | |
|---|---|---|---|---|---|---|---|---|---|---|---|---|---|---|---|---|---|---|
| 関心なし | 67 | 27.5% | 65 | 26.3% | 50 | 27.8% | 78 | 34.5% | 21 | 25.6% | 101 | 32.3% | 102 | 38.5% | 99 | 34.3% | 42 | 42.0% |
| 関心あり | 177 | 72.5% | 182 | 73.7% | 130 | 72.2% | 148 | 65.5% | 61 | 74.4% | 212 | 67.7% | 163 | 61.5% | 190 | 65.7% | 58 | 58.0% |
| 総計 | 244 | 100% | 247 | 100% | 180 | 100% | 226 | 100% | 82 | 100% | 313 | 100% | 265 | 100% | 289 | 100% | 100 | 100% |

## 4. 環境情報開示と株価との分析

本節では、$CO_2$削減に関係する企業の情報開示が、どの程度企業の株価に影響を与えたのかを検証する。

京都議定書締結以来、日本は $CO_2$削減の数値目標が課せられている。この $CO_2$削減の努力義務は、個々の企業レベルに落とし込まれている。$CO_2$削減の目標を達成できない企業は相応の金銭的ペナルティーが課せられる。そのため、各企業は、$CO_2$削減について真剣に取り組み始めている。このように、企業の $CO_2$削減にかかる情報は、投資家にとって企業の将来キャッシュ・フローを把握するうえで有用性のある情報になりうる。

$CO_2$の排出と不動産とは密接な関係にある。例えば、大規模事務所ビルにおいて各種の事業活動に付随して大量の $CO_2$ が日々排出されている。多くの自治体もこの点を重視して、独自の取組みを開始している。例えば東京都は、2008 年に環境確保条例の改正を行い、地球温暖化対策計画書制度の改正による $CO_2$の総量削減義務と排出量取引制度の導入、総量削減義務の対象とならない中小規模事業者を対象とする地球温暖化対策報告書制度の創設等を決定した。なお、本節の「$CO_2$

削減にかかる情報開示」とは、将来の $CO_2$ 削減を目的とした具体的経営行動計画（自社による新技術の開発・製品化、他社開発の新技術導入等）の公表をいう。

## 4.1　先行研究と仮説の提示

### (1) $CO_2$ の削減と企業価値との関係に注目した実証研究

　本稿「2.先行研究」において、環境情報開示と企業業績との関係を研究する主な研究を示したが、本節ではさらに「$CO_2$ の削減と企業価値との関係に注目した実証研究」に絞り込んだ先行研究を紹介する。

　Hart and Ahuja(1996)は、米国の S&P500 社のうち 127 社を対象とした分析を試みている。彼らは、$CO_2$ の削減が企業の財務パフォーマンスを改善するかについて問題意識を持った。分析結果は、1988 年から 1989 年に $CO_2$ の排出量の削減を実施した企業は、1990 年から 1992 年にかけて ROA、ROE 等が良好になったとしている。このように、環境経営の実施は、企業業績にプラスの影響を与えることを確認した。日本では、阪・大鹿(2011)が $CO_2$ 排出量の株価説明力と情報開示の影響について分析を行っている。彼らは、売上高 1 単位当たりの $CO_2$ 排出量に着目し、企業の $CO_2$ 排出量および $CO_2$ 関連情報開示と株式時価総額の関係、さらに $CO_2$ 排出量の変化と株価リターンとの関係を検証している。分析の結果、$CO_2$ 排出量が株式時価総額に対して有意な負の影響を与えること、カーボン・ディスクロジャー・プロジェクト(CDP)[3] を通じた企業の $CO_2$ 関連情報開示によってその負の影響が緩和されることが示された。また、$CO_2$ 排出量が増加(減少)した企業の株価リターンが低い(高い)ことも明らかになった。

　以上のとおり先行研究によると、$CO_2$ 排出量の削減は企業財務業績を改善させ、結果的に企業価値向上につながることが示唆されている。

### (2)仮説の提示

　前節のとおり、$CO_2$ の排出の削減は、企業パフォーマンスの向上につながることが示されている。現在、産業界は $CO_2$ 削減の負担が強く求められており、この傾向は強まる傾向にある。$CO_2$ 削減が十分でない場合に、排出権の購入など追加的出費

---

[3]　CDP は国際的に活動を展開する NPO のプロジェクトであり、CO2 の排出量について測定、管理、削減することを目的としている。

が余儀なくされ、企業財務にマイナスの影響を与えることが考えられる。これらを踏まえ、本研究における仮説を以下のとおり提示する。

(仮説1) 将来のCO²排出の削減を目的とした経営行動計画の情報開示は株価にポジティブな影響を与える。
(仮説2) CO²排出の削減を目的とした他社開発の新技術を導入・他社との共同開発等の情報開示は株価にポジティブな影響を与える。

**6 CO² 排出と企業価値**

## 4.2 実証分析
### (1)サンプル抽出条件

企業のCO²削減にかかる情報開示の株価効果を時系列的に明らかにするため、①2000年期・2001年期(2000年1月1日-2001年12月31日)、②2005年期(2005年1月1日-2005年12月31日)、③(2010年1月1日-2010年12月31日)④2022年期・2023年期(2022年1月1日-2023年7月31日)の4期間を分析対象とし、最初に④2022年期・2023年期の分析を行い、その上で①～③の期間との比較検討を行う。

当該期間において、CO²削減にかかる情報開示を行った企業を分析対象のサンプルとするが、サンプル抽出要件は下記のとおりとする。

1) CO²削減にかかる経営行動計画の情報開示日を日本経済新聞によって明確に確認できること。
2) 対象ケースにかかる企業は上場されており、分析期間中の連続的な株価データを確認・取得できること。
3) 対象ケースにかかる企業の業種は、金融機関以外のものであること。

### 表6-3 サンプル企業の属性

| 区分 | 期間 | サンプル数 | 業種別内訳 |
| --- | --- | --- | --- |
| 2000年期・2001年期 | 2000年1月1日～2001年12月31日 | 24 | 建設業(2)製造業(21)エネルギー(1) |
| 2005年期 | 22005年1月1日～2005年12月31日 | 38 | 製造業(26)商業(7)エネルギー(5) |
| 2010年期 | 2010年1月1日～2010年12月31日 | 68 | 建設業(3)製造業(45)商業(11)運輸業(3)エネルギー(6) |
| 2022年期・2023年期 | 2022年1月1日～2023年7月31日 | 99 | 建設業(9)製造業(55)商業(16)電気・ガス業(5)運輸業(12)不動産業(2) |

　上記に基づき抽出された④2022 年期・2023 年期（2022 年1月1日-2023 年 7 月 31 日）サンプルの属性は、建設業 9 社、製造業 55 社、商業 16 社、電気・ガス業 5 社、運輸業 12 社、不動産業 2 社の合計 99 社 ④ である（表 6-3）。

　財務データ、株価及び TOPIX については「日経 NEEDS 財務データ」「Yahoo!ファイナンス」より、持株比率データについては「会社四季報」（東洋経済新聞社）より収集した。記述統計量および相関係数 ⑤ 表 6-4 及び表 6-5 に記載のとおりである。

## 表 6-4　記述統計量

(n=70)

| | Mean | Median | Minimum | Maximum | Std.Dev. |
|---|---|---|---|---|---|
| Ln(Size) | 14.479 | 14.551 | 9.813 | 17.702 | 1.505 |
| Debt | 0.595 | 0.611 | 0.270 | 0.933 | 0.136 |
| ROA | 0.028 | 0.032 | -0.128 | 0.099 | 0.034 |
| ΔSale | 0.160 | 0.119 | -0.566 | 0.749 | 0.227 |
| ΔLand | 0.052 | 0.013 | -1.000 | 1.540 | 0.434 |
| Corporation | 16.512 | 11.370 | 1.730 | 60.660 | 15.296 |
| Financial | 30.936 | 31.860 | 4.520 | 50.180 | 10.579 |
| Foreigner | 28.784 | 29.480 | 0.460 | 74.230 | 12.568 |

| 変数名 | 定義 |
|---|---|
| Ln(Size) | 企業i の総資産の自然対数変換値 |
| Debt | 企業i の負債比率 |
| ROA | 企業i の総資産利益率 |
| ΔSale | 企業i の売上高変化率 |
| ΔLand | 企業i の土地資産変化率 |
| Corporation | 企業i の一般事業法人持株比率 |
| Financial | 企業i の金融機関持株比率 |
| Foreigner | 企業i の外国人持株比率 |

---

④ 当該サンプルにおいて、時期は異なる公表ではあるが同企業のサンプルが複数存在したため、同企業のサンプルについては時期の古いものを1サンプルとしその他は分析のサンプルから除外した。
⑤ なお、相関係数について、変数間で強い相関のものはみられない。

表6-5 相関係数

|  | ① | ② | ③ | ④ | ⑤ | ⑥ | ⑦ | ⑧ |
|---|---|---|---|---|---|---|---|---|
| ① Ln(Size) | 1 | | | | | | | |
| ② Debt | 0.0323 | 1 | | | | | | |
| ③ ROA | -0.1390 | 0.1674 | 1 | | | | | |
| ④ ΔSale | 0.4124 | -0.3832 | -0.0172 | 1 | | | | |
| ⑤ ΔLand | 0.0232 | -0.1334 | 0.3844 | 0.1041 | 1 | | | |
| ⑥ Corporation | -0.6464 | 0.0925 | 0.1842 | -0.3396 | 0.1555 | 1 | | |
| ⑦ Financial | 0.2637 | -0.0118 | 0.0285 | -0.0251 | 0.1671 | -0.6099 | 1 | |
| ⑧ Foreigner | 0.6758 | -0.0046 | 0.0067 | 0.2269 | -0.0588 | -0.6237 | 0.2537 | 1 |

## (2)分析方法

　分析方法は、イベント・スタディに基づく。すなわち、株価が形成されるプロセスをモデルでとらえ、そのモデルから算出される株式投資収益率の理論値と実現値との差を異常収益率(Abnormal Return)とし、$CO_2$削減報道の株価への影響を検証する。

　具体的には(1)式のマーケット・モデルによって正常収益率(正常リターン)を推定し、その正常収益率と実際の収益率の差により異常収益率を測定し、これに基づき累積異常収益率(CAR:Cumulative Abnormal Return)を求め、検討を行う。

　本件では、具体的には以下の数式によって、異常収益率を測定し、これに基づいて累積異常収益率(CAR: Cumulative Abnormal Return)を求め、検討を行う。

$$R_{it} = \alpha_i + \beta_i R_{mt} + \varepsilon_{it} \tag{1}$$

　　$R_{it}$ ：企業 i の株式の第 t 日の収益率

　　$R_{mt}$ ：第 t 日におけるマーケット・ポートフォリオの収益率(本件では TOPIX を採用)

　　$\alpha_i$、$\beta_i$ ：線形回帰モデルのパラメーター

　　$\varepsilon_{it}$ ：誤差項

このマーケット・モデルの$\alpha_i$、$\beta_i$の値は$R_{it}$、$R_{mt}$の時系列データから最小二乗法で推定される。[⑥]　その値を$\alpha_i$、$\beta_i$で表せば、異常収益率(Abnormal Return)の推定値

---

[⑥]　$\alpha\_i$　〖及び$\beta$〗$\_i$の推定は、-100 日から-10 日の株価データに基づいて実施

$\varepsilon_{it}$は(2)式で求められる。

$$\varepsilon_{it} = R_{it} - (\alpha_i + \beta_i R_{mt}) \tag{2}$$

　本分析では、新聞報道日を中心に、前後 10 日間を分析対象期間とする。また、サンプル企業n社を取り出し、第 t 日における $CO_2$削減にかかる情報開示の平均的効果を検証するには以下の(3)式によって平均異常収益率（AR:Average Abnormal Return)を求める。

$$AR_t = 1/n \sum_{i=1}^{n} \varepsilon_{it} \tag{3}$$

　さらに、分析対象期間にわたる全般的な効果をみるために以下の累積異常収益率(CAR)を(4)式により計測する。

$$CAR = \sum_{t=10}^{+10} AR_t \tag{4}$$

　次のステップとして、上記で計測された CAR を被説明変数とした以下のモデル(5)式に基づいた OLS 回帰分析を行う。

　なお、企業が公表した情報を、(A) $CO_2$削減を目的とした自社による新技術の開発・製品化・事業化に関する情報(以下、「A サンプル」という)と(B) $CO_2$削減を目的とした他社開発または自社開発による新技術の自社への導入に関する情報(以下、「B サンプル」という)に 2 分類し、それぞれについて分析を試みる。

$$CAR(a,b)_i = \alpha_1 + \alpha_2 Ln(Size)_i + \alpha_3 Debt_i + \alpha_4 ROA_i + \alpha_5 \Delta Sale_i + \alpha_6 \Delta Land_i$$
$$+\alpha_7 Corporation_i + \alpha_8 Financial_i + \alpha_9 Foreigner_i + \varepsilon_i \tag{5}$$

した。

## (3)分析結果

　図 6-1 の 2022 年期・2023 年期の CAR の推移によると A サンプルのグループでは、イベント日の前後(CAR-4 から CAR+4)で有意にポジティブ反応を示し、一方 B グループでは CAR-4 から CAR+10 まで有意にネガティブな反応を示している。$CO_2$ 削減を目的とした自社による新技術の開発・製品化・事業化に関する情報は公表企業の企業業績に直接的に結びつくことが考えられるため、投資家はポジティブな反応を示している。また、B グループの他社開発の新技術を導入することや共同開発などは、開発リスクの分散などのメリットがある一方で、契約関係に基づいているため、契約解除や権利の帰属など懸念点もあるため、投資家はネガティブな反応を示しているものと考えられる。

　次のステップとして、上記で計測された CAR を被説明変数として OLS 回帰分析の結果を以下の表 6-6 に示す。表 6 によると、外国人持株比率(Foreigner)が(-1,1)(0,1)において、有意にネガティブな反応を示し、外国人持株比率の高い企業ほど株価にネガティブな影響を与えている。日本企業において外国人持株比率の高い企業は企業規模も大きい傾向にあり、長期的に見据えた事業計画の公表等であるため、短期的なリターンを求める傾向にある外国人投資家はネガティブに捉えているものと考えられる。

6
$CO_2$排出と企業価値

## 図 6-1　2022 年期・2023 年期の CAR の推移

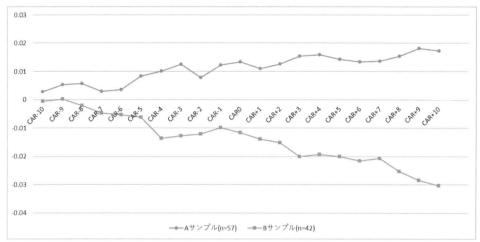

| 2022年期・2023年期 | | CAR-10 | CAR-9 | CAR-8 | CAR-7 | CARR-6 | CAR-5 | CAR-4 | CAR-3 | CAR-2 | CAR-1 |
|---|---|---|---|---|---|---|---|---|---|---|---|
| Aサンプル (n=57) | Coef. | 0.003 | 0.005 | 0.006 | 0.003 | 0.004 | 0.008 | 0.010 | 0.013 | 0.008 | 0.012 |
| | t-value | 2.034** | 1.420 | 1.328 | 0.617 | 0.741 | 1.631 | 1.718* | 2.285** | 1.474 | 2.059** |
| | CAR0 | CAR+1 | CAR+2 | CAR+3 | CAR+4 | CAR+5 | CAR+6 | CAR+7 | CAR+8 | CAR+9 | CAR+10 |
| | 0.013 | 0.011 | 0.013 | 0.015 | 0.016 | 0.014 | 0.013 | 0.014 | 0.015 | 0.018 | 0.012 |
| | 1.885* | 1.538 | 1.629 | 1.833* | 1.767* | 1.497 | 1.415 | 1.377 | 1.450 | 1.563 | 1.133 |
| 2022年期・2023年期 | | CAR-10 | CAR-9 | CAR-8 | CAR-7 | CARR-6 | CAR-5 | CAR-4 | CAR-3 | CAR-2 | CAR-1 |
| Bサンプル (n=42) | Coef. | -0.001 | 0.000 | -0.002 | -0.005 | -0.005 | -0.006 | -0.014 | -0.013 | -0.012 | -0.010 |
| | t-value | -0.266 | 0.097 | -0.539 | -1.186 | -1.217 | -1.223 | -2.556** | -2.192** | -2.041** | -1.721* |
| | CAR0 | CAR+1 | CAR+2 | CAR+3 | CAR+4 | CAR+5 | CAR+6 | CAR+7 | CAR+8 | CAR+9 | CAR+10 |
| | -0.012 | -0.014 | -0.015 | -0.020 | -0.019 | -0.020 | -0.022 | -0.021 | -0.025 | -0.029 | -0.030 |
| | -1.826* | -2.235** | -2.211** | -2.674** | -2.348** | -2.218** | -2.183** | -2.013** | -2.517** | -2.666** | -2.902** |

(注))*10%有意、**5%有意、***1%有意

## 表 6-6　CAR を被説明変数とした OLS 回帰分析結果

(n=70)

| | Coef. | t-value | Ln(Size) | t-value | Debt | t-value | ROA | t-value | ΔSale | t-value | ΔLand | t-value | Corporation | t-value | Financial | t-value | Foreigner | t-value |
|---|---|---|---|---|---|---|---|---|---|---|---|---|---|---|---|---|---|---|
| (-1,0) | 0.0720 | 1.283 | -0.0032 | -0.901 | 0.0051 | 0.164 | -0.0544 | -0.497 | 0.0004 | 0.026 | -0.0043 | -0.469 | -0.0001 | -0.207 | -0.0003 | -0.756 | -0.0004 | -1.037 |
| (-1,1) | 0.0526 | 0.936 | -0.0013 | -0.379 | 0.0014 | 0.045 | 0.0255 | 0.233 | -0.0028 | -0.303 | -0.0002 | -0.452 | -0.0002 | -0.432 | -0.0008 | -2.068** |
| (0,1) | 0.0262 | 0.611 | -0.0001 | -0.027 | 0.0080 | 0.337 | 0.0354 | 0.424 | 0.0017 | 0.137 | 0.0000 | 0.003 | -0.0002 | -0.647 | -0.0002 | -0.576 | -0.0008 | -2.774*** |
| (-2,0) | 0.0924 | 1.370 | -0.0022 | -0.505 | -0.0406 | -1.081 | -0.0887 | -0.675 | -0.0011 | -0.057 | -0.0029 | -0.267 | -0.0003 | -0.671 | -0.0007 | -1.289 | -0.0002 | -0.445 |
| (-2,1) | 0.0730 | 1.077 | -0.0003 | -0.072 | -0.0443 | -1.175 | -0.0088 | -0.067 | -0.0032 | -0.161 | -0.0014 | -0.129 | -0.0005 | -0.871 | -0.0006 | -1.015 | -0.0006 | -1.298 |
| (-2,2) | 0.1009 | 1.250 | 0.0005 | 0.098 | -0.0681 | -1.516 | 0.0081 | 0.051 | 0.0084 | 0.353 | 0.0061 | 0.466 | -0.0009 | -1.403 | -0.0011 | -1.637 | -0.0008 | -1.421 |
| (-5,0) | 0.1056 | 1.232 | -0.0047 | -0.868 | -0.0015 | -0.032 | 0.0714 | 0.427 | -0.0074 | -0.291 | 0.0016 | 0.113 | -0.0002 | -0.305 | -0.0007 | -0.967 | -0.0003 | -0.555 |
| (-5,5) | 0.0540 | 0.463 | 0.0010 | 0.129 | -0.0283 | -0.436 | 0.1178 | 0.518 | 0.0179 | 0.519 | 0.0077 | 0.406 | -0.0002 | -0.247 | -0.0009 | -0.995 | -0.0009 | -1.085 |

（ ）内の数字は、イベント日を0日とした場合の異常収益率を累積する期間を定義している。例えば（-1,1）であれば、イベント日の1日前から1日後までの異常収益率が累積されていることを示している。
(注)*10%有意、**5%有意、***1%有意

　ここで、企業の CO²削減にかかる情報開示の株価効果を時系列的に明らかにするため、①2000 年期・2001 年期(2000 年 1 月 1 日-2001 年 12 月 31 日)、②2005 年期(2005 年 1 月 1 日-2005 年 12 月 31 日)、③(2010 年 1 月 1 日-2010 年 12 月 31

日)④2022 年期・2023 年期(2022 年 1 月 1 日-2023 年 7 月 31 日)の 4 期間を分析対象とし比較検討を行う。

　表 6-7 によると、③2010 年期の A サンプル及び④2022 年期・2023 年期の A・B サンプルを除いては、株価への影響は薄いことが明らかになった。2010 年期の A サンプル及び 2022 年期・2023 年期の A サンプルでは、株価への強くポジティブな影響が確認される。また、2022 年期・2023 年期の B サンプルでは、株価への強くネガティブな影響が確認される。

　これらの結果から 2000 年代中盤位までは、企業の $CO_2$ 削減を目的とした経営行動計画に関する情報は、投資家等にとってそれほど有用性のある情報として評価されていなかった。しかし、2000 年代後半以降は、$CO_2$ 削減を目的とした自社による新技術の開発・製品化・事業化に関する情報、すなわち企業の将来の業績向上に直接結びつく情報については高い価値が認められるのである。したがって、仮設 1 は支持されたと解釈される。

　一方、他社開発または自社開発による新技術の自社への導入に関する情報について、2010 年期までは、投資家は企業の将来キャッシュ・フローへ明確な影響を認めていないと解釈される結果であった。しかし昨今では、契約関係に基づいているため、懸念点も多く感じられネガティブな反応を示しているものだと考えられる。したがって、仮設 2 は支持されていないと解釈される。

**6**

**$CO_2$ 排出と企業価値**

## 表 6-7　2000 年代初頭からの情報開示の株価効果

| | ①2000年期・2001年期 | | | | ②2005年期 | | | | ③2010年期 | | | | ④2022年期・2023年期 | | | |
| | groupA(n=5) | | groupB(n=19) | | groupA(n=15) | | groupB(n=23) | | groupA(n=21) | | groupB(n=47) | | groupA(n=57) | | groupB(n=42) | |
| | Coef. | t-value | Coef. | t-value | Coef. | t-value | Coef. | t-value | Coef. | t-value | Coef. | t-value | Coef. | t-value | Coef. | t-value |
|---|---|---|---|---|---|---|---|---|---|---|---|---|---|---|---|---|
| CAR-10 | 0.003 | 0.202 | 0.002 | 0.367 | -0.004 | -1.128 | 0.000 | -0.027 | 0.001 | 0.515 | -0.002 | -1.335 | 0.003 | 2.034** | -0.001 | -0.266 |
| CAR-9 | 0.008 | 0.449 | -0.003 | -0.336 | -0.001 | -0.210 | -0.001 | -0.128 | 0.005 | 1.426 | -0.003 | -1.088 | 0.005 | 1.420 | 0.000 | 0.097 |
| CAR-8 | 0.026 | 1.100 | -0.002 | -0.192 | 0.002 | 0.342 | 0.000 | 0.066 | 0.007 | 1.424 | -0.003 | -0.899 | 0.006 | 1.328 | -0.002 | -0.539 |
| CAR-7 | 0.021 | 0.622 | 0.001 | 0.054 | 0.007 | 0.808 | 0.000 | -0.032 | 0.007 | 1.371 | -0.002 | -0.947 | 0.003 | 0.617 | -0.005 | -1.186 |
| CARR-6 | 0.017 | 0.681 | 0.003 | 0.236 | 0.013 | 1.130 | 0.003 | 0.146 | 0.009 | 1.711 | -0.004 | -0.514 | 0.009 | 0.741 | -0.005 | -1.217 |
| CAR-5 | 0.018 | 0.525 | -0.004 | -0.332 | 0.010 | 1.192 | 0.003 | 0.344 | 0.013 | 2.494** | -0.004 | -1.019 | 0.008 | 1.631 | -0.006 | -1.223 |
| CAR-4 | 0.014 | 0.392 | -0.006 | -0.402 | 0.007 | 0.760 | 0.003 | 0.303 | 0.013 | 2.146** | -0.008 | -0.944 | 0.010 | 1.718* | -0.014 | -2.556** |
| CAR-3 | 0.017 | 0.449 | 0.006 | 0.397 | 0.001 | 0.176 | 0.004 | 0.482 | 0.016 | 2.681** | -0.008 | -1.679* | 0.013 | 2.285** | -0.013 | -2.192** |
| CAR-2 | 0.026 | 0.698 | 0.013 | 0.753 | 0.003 | 0.350 | 0.009 | 0.720 | 0.019 | 3.288*** | -0.009 | -1.436 | 0.008 | 1.474 | -0.012 | -2.041** |
| CAR-1 | 0.027 | 0.804 | 0.015 | 0.807 | 0.006 | 0.606 | 0.010 | 0.775 | 0.017 | 2.603** | -0.007 | -1.436 | 0.012 | 2.059** | -0.010 | -1.721* |
| CAR0 | 0.025 | 0.677 | 0.015 | 0.870 | 0.008 | 0.709 | 0.008 | 0.650 | 0.023 | 3.165*** | -0.005 | -1.199 | 0.013 | 1.885* | -0.012 | -1.826* |
| CAR+1 | 0.021 | 0.590 | 0.015 | 0.836 | 0.008 | 0.631 | 0.012 | 1.095 | 0.024 | 3.349*** | -0.004 | -0.784 | 0.011 | 1.538 | -0.014 | -2.235** |
| CAR+2 | 0.010 | 0.373 | 0.006 | 0.310 | 0.005 | 0.425 | 0.009 | 0.780 | 0.026 | 3.877*** | -0.005 | -0.774 | 0.013 | 1.629 | -0.015 | -2.211** |
| CAR+3 | 0.002 | 0.063 | 0.002 | 0.101 | 0.001 | 0.070 | 0.006 | 0.533 | 0.024 | 3.095*** | -0.006 | -0.732 | 0.015 | 1.833* | -0.020 | -2.674** |
| CAR+4 | 0.002 | 0.066 | 0.000 | -0.007 | 0.000 | 0.036 | 0.010 | 0.758 | 0.022 | 2.68** | -0.004 | -0.865 | 0.016 | 1.767* | -0.019 | -2.348** |
| CAR+5 | -0.011 | -0.383 | -0.008 | -0.474 | -0.001 | -0.123 | 0.005 | 0.429 | 0.023 | 2.404** | -0.007 | -0.578 | 0.014 | 1.497 | -0.020 | -2.218** |
| CAR+6 | -0.004 | -0.101 | -0.011 | -0.697 | 0.001 | 0.092 | 0.002 | 0.138 | 0.020 | 1.994* | -0.007 | -0.837 | 0.013 | 1.415 | -0.022 | -2.183** |
| CAR+7 | -0.013 | -0.331 | -0.004 | -0.212 | 0.003 | 0.236 | 0.001 | 0.107 | 0.022 | 2.168** | -0.006 | -0.715 | 0.014 | 1.377 | -0.021 | -2.013** |
| CAR+8 | -0.014 | -0.315 | -0.005 | -0.266 | 0.004 | 0.293 | 0.001 | 0.075 | 0.022 | 2.779** | -0.004 | -0.691 | 0.015 | 1.450 | -0.025 | -2.517** |
| CAR+9 | -0.024 | -0.573 | -0.002 | -0.111 | 0.007 | 0.567 | 0.001 | 0.048 | 0.031 | 3.004*** | -0.008 | -0.906 | 0.018 | 1.563 | -0.029 | -2.666** |
| CAR+10 | -0.028 | -0.659 | -0.006 | -0.350 | 0.004 | 0.326 | -0.003 | 0.250 | 0.034 | 3.213*** | -0.009 | -0.910 | 0.012 | 1.133 | -0.030 | -2.902** |

(注))*10%有意、**5%有意、***1%有意

　以上のことから、CO²削減に関する情報については、2005 年頃までは、必ずしも有用性が認められず、企業の CO²削減にかかる経営行動計画と将来キャッシュ・フローとの関係が明確に認識されなかったからと考えられる。しかし、その後 2010 年頃には、投資家の CO²削減に関する意識も向上し、企業業績に明確に貢献できる可能性が高い場合に、情報有用性が認められる結果となった。このことから、現在では CO²削減と企業の将来キャッシュ・フローの増大との関係を明確に結びつけることが可能となるように情報の開示を行うことが、結果的に企業価値の増大に通じると考えられる。

## 5．まとめ

　本稿では、企業の環境情報開示に着目し、CO²削減の情報開示が投資家の意思決定に与える影響を明らかにすることを目的とし分析を行った。これらの要約を行い、今後を展望する。

　本稿での、調査分析からは、主に以下のことが明らかになった。

　一般投資家を対象としたアンケート調査では、

・$CO_2$など温暖ガスの削減につい約3割もの投資家が注目をしていることが確認できた。

・環境配慮型不動産を所有する企業に対して、コスト面のネガティブイメージを抱いている投資家は小数であることが確認できた。

　$CO_2$削減にかかる環境情報開示についての実証分析では、

・$CO_2$の問題は、企業不動産とも関係性が強く、近年において$CO_2$削減の技術開発は、投資家にとって有用性の高い情報と受け止められていることが明確になった。

・他社開発の新技術を導入することや共同開発などは、開発リスクの分散などのメリットがある一方で、契約関係に基づいているため、権利の帰属など懸念点を強く感じていることが示唆される結果となった。

　以上の調査・分析結果を総合的に考えると、環境情報の開示について、投資家への有用性は高まってきている。近年、特に$CO_2$問題への関心が高まる中、$CO_2$問題と密接に関係する企業不動産のあり方や環境情報開示のあり方が企業価値の増大に結びつき重要なものになってくることが考えられる。

6
$CO_2$排出と企業価値

## 《参考文献》

[1]Alnajjar.F.K(2000)"Determinants of Social Responsibility Disclosures of U.S. Fortune 500 Firms: An Application of Content Analysis" Advances in Environmental Accounting & Management,1,pp.163-200.

[2]Bewley.K and Y.Li(2000) "Disclosure of Environmental Information by Canadian Manufacturing Companies: a Voluntary Disclosure Perspective" Advances in Environmental Accounting & Management,1,pp.201-226.

[3]Brown.N and C.Deegan(1998) "The Public Disclosure of Environmental Performance Information － a Dual Test of Media Agenda setting Theory and Legitimacy Theory" Accounting and Business Research,29(1),pp.21-41.

[4]Cormer.D and M.Magnan(2003)"Environmental Reporting Management: a Continental European Perspective" Journal of Accounting and Public Policy,22(1),pp.43-62.

[5]Deegan.C and M.Rankin(1996)"Do Australian Companies Report Environmental News Objectively?" Accounting,Auditing & Accountability Journal,9(2),pp.50-67.

[6]Hahn, R. and M. Kühnen (2013) "Determinants of Sustainability Reporting: A Review of Results, Trends,Theory, and Opportunities in an Expanding Field of Research", Journal of Cleaner Production59,pp.5-21.

[7]Hart,S and G,Ahuja(1996) "Does It Pay to be Green? An Empirical Examination of the Relationship between Emission Reduction and Firm Performance" Business Strategy and the Environment,5(1),pp.30-37.

[8]Nishitani.K(2009)"An Empirical Study of the Initial Adoption of ISO 14001 in Japanese Manufacturing Firms" Ecological Economics,68(3),pp.669-679.

[9]Patten.D.M(1991)"Exposure,Legitimacy, and Social Disclosure" Journal of Accounting and Public Policy,10(4),pp.297-308.

[10]阪智香、大鹿智基(2011)「CO²排出量の株価説明力と情報開示の影響」『会計プログレス』,第 2011 巻第 12 号,pp.1-12。

[11]山本卓(2008)「土壌汚染報道が株価形成に与える影響」『日本土地環境学会誌』,第 15 号,pp.41-51。

[12]山本卓(2011)「東証1部製造業の環境経営促進の決定要因と経営者特性に関する研究」『企業家研究』,第 8 巻,pp.21-33。

（古川　傑，山本　卓）

6
$CO_2$ 排出と企業価値

# 索　引

# 執筆者プロフィール

## 山本 卓(やまもと たかし)

明海大学不動産学部教授・不動産研究センター長

1984年中央大学法学部法律学科卒業、2003年青山学院大学大学院国際マネジメント研究科修士課程修了、2006年埼玉大学大学院経済科学研究科博士後期課程修了、博士(経済学)。一般財団法人日本不動産研究所に、不動産鑑定士として30年間勤務した後、2014年に明海大学に移籍し、現在に至る。近著に『投資不動産会計と公正価値評価』[2015年、創成社](2016年資産評価政策学会著作賞受賞)、『グローバル社会と不動産価値』[2017年、創成社](2018年日本不動産学会著作賞(実務部門))、『ストック型社会への企業不動産分析』[2021年、創成社](2022年都市住宅学会著作賞)等がある。

# 古川 傑(ふるかわ すぐる)

2022年明海大学大学院不動産学研究科博士後期課程修了、博士(不動産学)
明海大学不動産学部非常勤講師、同不動産研究センター研究員
【主な論文】古川傑・山本卓(2021)「不動産会計適用における外部鑑定人の採用動機の検証」『資産評価政策学』22(1),pp.89-98.、古川傑・山本卓(2021)「環境経営促進企業の企業特性と環境リスクに対する投資家評価‐遊休不動産の活用状況を踏まえて‐」『年報財務管理研究』(32),pp.90-112.、古川傑・山本卓(2018)「遊休不動産の有用性の検証‐東証1部上場企業製造業の減損データに基づいた分析を中心に‐」『証券アナリストジャーナル』(56)2,pp.68-79.等。
【主な受賞歴】日本不動産学会湯浅賞・博士論文部門(2022年)都市住宅学会著作賞(2022年)日本不動産学会著作賞・実務部門(2018年)日本財務管理学会 学会賞・論文の部(2018年)
【科研費実績】
「KAMの記載事項と減損開示情報の情報価値抽出による新たな企業不動産戦略への応用」若手研究(23K12526)、2023-2026,研究代表者

# 松永 力也(まつなが りきや)

2024年明海大学大学院不動産学研究科博士後期課程修了、博士(不動産学)不動産鑑定士、税理士、アプレイザルタックスラボ(株)代表、琉球大学非常勤講師、那覇地方裁判所評価委員・調停委員、1987年日本大学法学部法律学科卒業、2002年琉球大学大学院人文社会学研究科法学(民法)修士課程修了、2007年琉球大学大学院総合社会システム研究科会計学修士課程修了。一般財団法人日本不動産研究所に、不動産鑑定士として5年間勤務した後、1999年独立開業。

【主な論文】

松永力也(1998)「定期借地権制度の普及予測」『不動産鑑定』第35巻第5号,pp.59-72.

松永力也・山本卓(2022)「配偶者居住権制度が不動産担保融資に与える影響―担保不動産に発生する遺産分割に係る損失の検証を中心に―」『年報財務管理研究』第33号,pp.26-43.等

【主な受賞歴】

受賞論文は1997年沖縄県・琉球新報社共催の「国際都市構想への提言21世紀の沖縄振興策」において優秀賞を受賞。2022年都市住宅学会著作賞受賞

# 片川 卓也(かたかわ たくや)

明海大学大学院不動産学研究科博士後期課程3年次在籍

明海大学不動産学部非常勤講師

2019年立教大大学院ビジネスデザイン研究科博士前期課程修了。大手不動産会社、大手金融機関を経て、現在は社会人の学びの支援など社会教育に尽力し実務に精通している。不動産取引、ファイナンス、経営学を研究テーマとしている。

【主な論文】

片川卓也・山本卓(2023)「消費者の住宅ローン需要と金融リテラシーの必要性に関する研究―不動産業者が消費者に及ぼす影響と満足度に焦点を当てて―」『年報財務管理研究』第34号,pp.1-20.

片川卓也・山本卓(2023)「不動産学部生の金融リテラシーに関する基礎的研究―アンケート調査を踏まえた金融教育のあり方の検証を中心に―」『明海大学不動産学部論集』第33号,pp.1-14.等がある。

# 田中 嵩二(たなか けんじ)

明海大学大学院不動産学研究科博士後期課程2年次在籍

2001年中央大学大学院法学研究科博士前期課程修了、修士(法学)

株式会社Kenビジネススクール代表取締役社長

【主な論文】田中嵩二・山本卓(2024)「ESG不動産投資とその促進策～優遇金利政策を中心に～」『明海大学不動産学部不動産学論集』(34),pp.17-49.

【主な研究執筆歴】

2004年に不動産法務を中心とした教育機関として設立したKenビジネススクールにおいて、宅地建物取引士登録実務講習(試験合格後の実務研修)実施機関としてその公式テキストを自ら執筆して国土交通大臣の指定を受けている。公益財団法人「日本賃貸住宅管理協会」において賃貸不動産経営管理士資格の講師を務め、一般社団法人「新しい都市環境を考える会」においては投資不動産販売員資格制度の創設及び公式テキスト執筆、試験問題の監修を行っている。業界紙である「全国賃貸住宅新聞」「楽待不動産投資新聞」において不動産法務に関する記事を毎週連載している。

（本書の内容のお問合せにつきまして）
本書の記述内容に関しましてのご質問事項は、文書にて、下記の住所または下記のメールアドレス宛にお願い申し上げます。著者に確認の上、回答をさせていただきます。お時間を要する場合がございますので、あらかじめご了承くださいますようお願い申し上げます。また、お電話でのお問合せはお受けできかねますので、何卒ご了承くださいますようお願い申し上げます。

本書の正誤表の確認方法
Ken ビジネススクール HP 内の以下の公開ページでご確認下さい。
https://www.ken-bs.co.jp/book/

本書の内容についてのお問合わせは、下記までお願いいたします。

Ken 不動産研究

（ご郵送先）〒160-0022 東京都新宿区新宿 5-1-1-3F
株式会社 Ken ビジネススクール内
（メールアドレス）question@ken-bs.co.jp

---

持続可能社会への不動産課題の検証

令和 6 年 7 月 29 日 初版発行

著　　　　　者　　山本　卓　古川　傑　松永力也　片川卓也　田中　嵩二
発　行　者　　田中　嵩二
発　行　所　　Ken 不動産研究
〒160-0022 東京都新宿区新宿 5-1-1 3F 株式会社 Ken ビジネススクール内
電話 03-6684-2328 https://www.ken-bs.co.jp
印　刷　所　　亜細亜印刷株式会社

ISBN　978-4-910484-17-4